はなしシリーズ

暮らしのセレンディピティ

環境にやさしい裏ワザ

酒井 弥 著

技報堂出版

口絵 ① 炭で洗濯(p.1)

口絵 ②
パーコレーターで自家製燻製をつくる(p.40)

口絵 ③ ラン藻(p.74)

口絵 ④
炎色反応の利用(p.77)

口絵 ⑤ 圧力釜なしで、おいしく玄米が炊ける(p.102)

口絵 ⑥ 水槽にアオコが発生しないようにするには？(p.120)

はじめに

セレンディピティ(Serendipity)というまだあまり一般化されていない言葉がある。英和大辞典(研究社)によると、「あてにしないものを偶然に発見する才能」、「掘出し上手」などと訳されている。この言葉は、「セレンディプ(セイロン、現在のスリランカの古称)の三人の王子」というおとぎ話の中で、三人の王子らが絶えず巧みに行動して、次から次へと珍しい宝物を発見したことに語源があるという。科学分野では、「思わぬものを偶然に発見する能力」、「運よく発明したり発見したりする能力」という意味に使われる。つまり、何かひとつ新しいことを考えてやろうと思って、見たり聞いたり話したりしているとき、パッとヒントを得て新しい発見や発明をすることをいうのである。

C・グッドイヤー(一八〇〇〜一八六〇)は、一八三五年以来ゴムの品質改良に没頭していた。ある日彼は、硫黄を混ぜたゴムのかけらを偶然に熱いストーブの上に落としたとき、ゴムの加硫という現象を発見した。このおかげで、ゴムは丈夫で加工しやすい工業製品となったのである。

身近なセレンディピティの例として、瞬間接着剤がある。イーストマン社の研究所で

H・W・クーパーらが合成直後の2－シアノアクリル酸エステルの屈折率を測定しようとしたところ、屈折計のプリズムが固着してしまった。このとき彼らは、この物質の接着性能に気付き、手当たり次第に周囲の物質を試してその接着能力を確認した。これが瞬間接着剤誕生のきっかけであった。歴史上偉大な発見は多かれ少なかれ、こんなケースが多い。

セレンディピティには、一種の変わり者とか異端者とか常識はずれの人間が必要かもしれない。そんな人間が仲間に加わると、その考えられもしない発想が芽を出し周囲を驚かせて花を咲かせていることが多い。これは、組織全体を活性化して皆の意識を改革するのであろう。

ある病院の待合室では、待ち時間が長くて外来患者はいつもイライラしていた。医者の数を増やすと問題は解決するが、それには経費と日数がかかる。そこで、発想を変えて待合室へ大きな鏡を置いた。すると、たったこれだけのことで患者の苦情やイライラが急激に少なくなったという。よく観察すると、自分の身体を鏡に映して苦笑いしたり、顔のシミやシワをゆっくり眺める女性患者も出てきた。この例は、医者を増やすという元来の方法から、患者の苦情をなくすという発想の転換だったのである。これも、身近なセレンディピティの例であり、いわば「コロンブスの卵」かもしれない。

「暮らしのセレンディピティー環境にやさしい裏ワザ」には良い意味での勘や知恵を働かせるコツが含まれていて、アイディアのネタが隠されていると思う。読者の方々には、知識に裏付けされた知恵を十分に活用して実生活に役立てていただきたいものである。

二〇〇一年四月　酒井　弥

「暮らしのセレンディピティ―環境にやさしい裏ワザ」もくじ

①エッ！ 炭で洗濯ができる!? 地球環境にもやさしいって本当ですか？

いま、テレビやマスコミでは裏ワザ知恵ものの情報番組や記事が注目を浴びているようですね。「ゆで卵の殻をアッという間にきれいにむく方法」、「ビールをおいしく飲む注ぎ方」など、いろいろ紹介されています。そこで今回は、主婦の方々のご要望にお応えし、とっておきの裏ワザをご紹介しましょう。

それは、「洗剤を使わずに、炭で衣類を洗濯する方法」です。ホントに本当なのです。でも「炭で黒くなるんじゃないの？」という疑問がわきますよね。これには秘密があるのです。では実験してみましょう。

まず、硬く焼かれてしっかりした備長炭を用意します。長さ一〇センチ程度のもの二～三本を、たわしでよく洗って表面の汚れをよく落とします。その一本を使用済みのナイロンストッキングの中に入れます。同時に浮き用として、コルク栓またはかまぼこ板などの水に浮くものを備長炭と一緒にストッキングの奥まで入れ、水に浮いたときに中身がガタガタしないよう同じストッキングで固く縛ります。備長炭の数だけ同様のものをつくってください。これを洗濯物と水が入った洗濯機の中に入れ、浮くのを確かめてから「粗食塩」大さじ一、「食酢」大さじ一杯を加えます。後はいつものように回すだけで良いのです。

「どうして、こんなもので洗濯物がきれいになるの?」ですって? 理屈は簡単です。まず、汚れは食酢によって衣類から分離され、備長炭がその汚れを吸着するのです。食塩には、殺菌作用や黄ばみを除去する作用があります。そのうえ、食酢は速く汚れを分散させる作用がありますから、洗濯時間が短縮できますし、洗濯物は白くて清潔です。自然のものばかり使っていますから、乾かした洗濯物は、当然、自然の白さと香りがして心がなごみます。食酢の匂いは全く残りませんよ(口絵①)。

この洗濯方法は、洗剤や強力な界面活性剤を使わないので生地を傷めませんし、すすぎの水も少量で済みます。したがって、環境を汚染することもなく、しかも肌にやさしくて健康に良い洗濯ができるのです。まさに一石二鳥でしょう。何回も使って、「備長炭」の吸着能力が低下したら、ストッキングから取り出し、水洗いした後、太陽光に数時間当てれば汚れは取れて繰り返し使うことができます。

「面倒くさい」、「不便だ」と思われる方もおられるでしょう。しかし、この不便さに挑戦して続けてくださる方が増えれば、地球環境の問題も少しは改善されると思います。地球にやさしくすることは便利さに逆行することですよね。「洗濯」方法の「選択」も少し考えてみられてはいかがでしょうか。

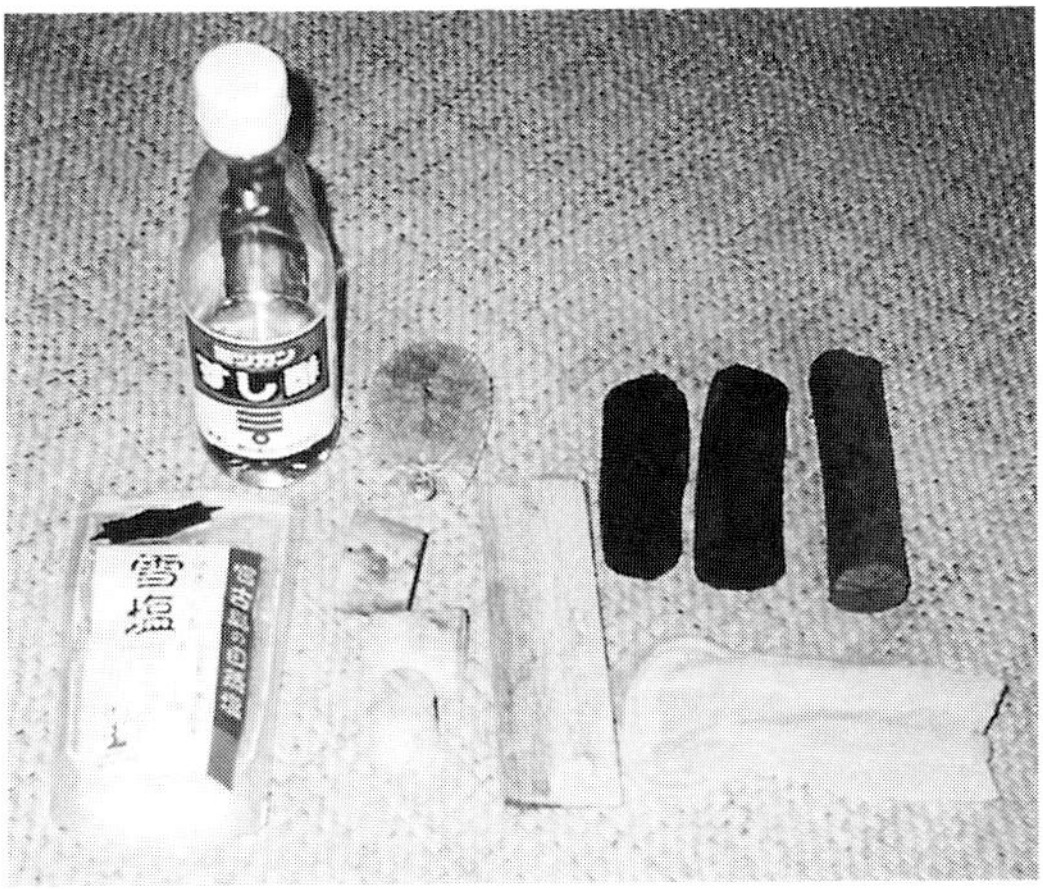

写真 1　用意するもの．備長炭，かまぼこ板またはコルク栓，たわし，ナイロンストッキング，食塩，食酢

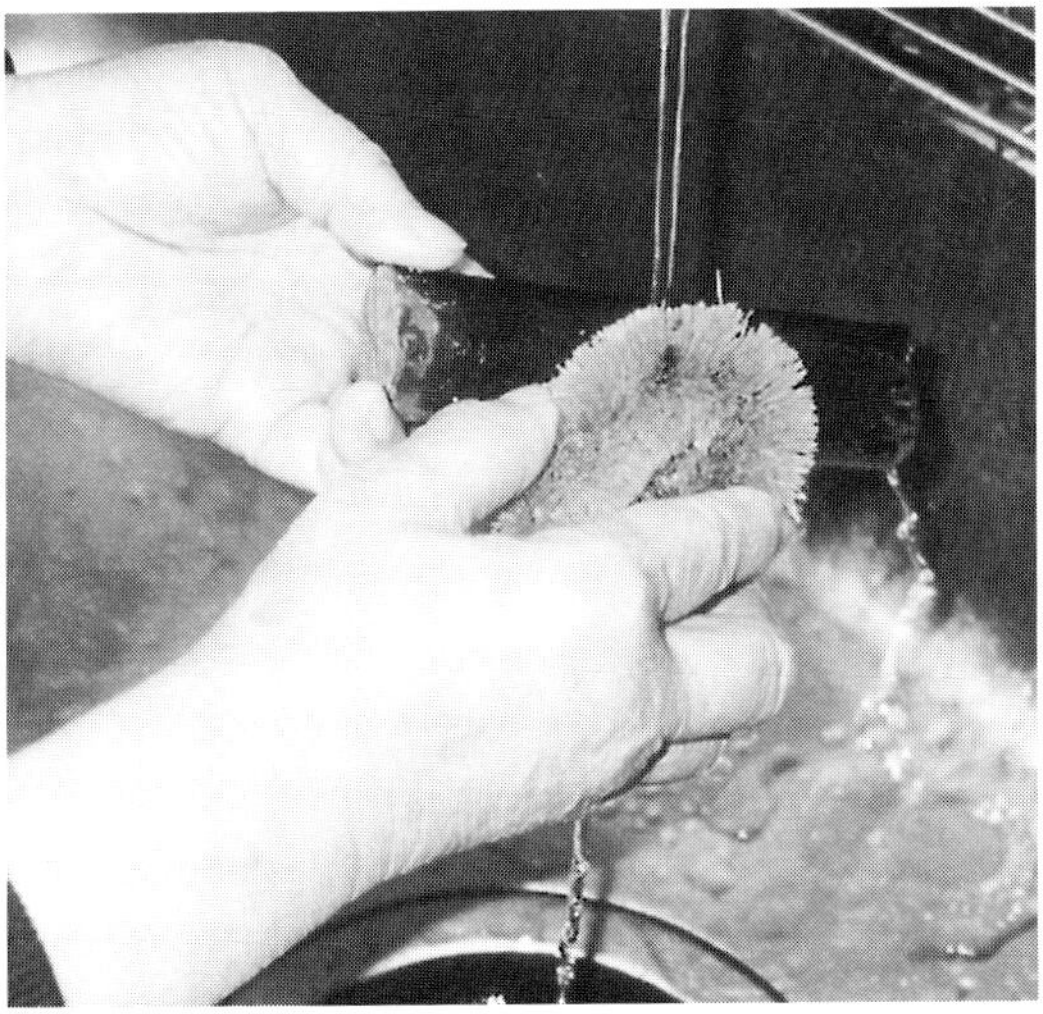

写真 2　備長炭をたわしでよく洗って表面の汚れを落とす．これが「汚れ吸着剤」になる

写真3　「浮き」用としてかまぼこ板を一緒にナイロンストッキングの奥まで入れ固く縛る

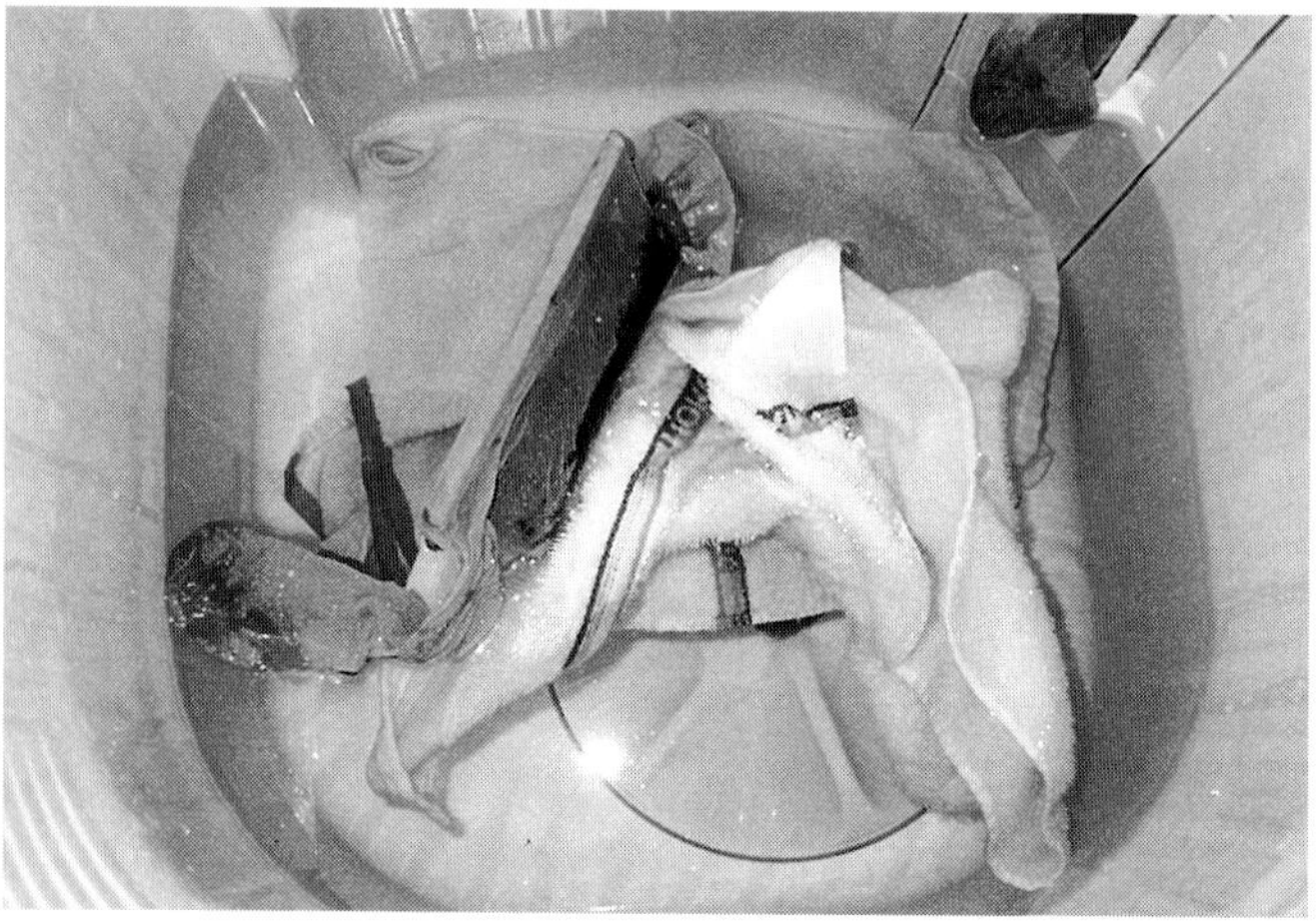

写真4　つくった「汚れ吸着剤」を洗濯物が入った洗濯機の中に入れ，水に浮くのを確かめる

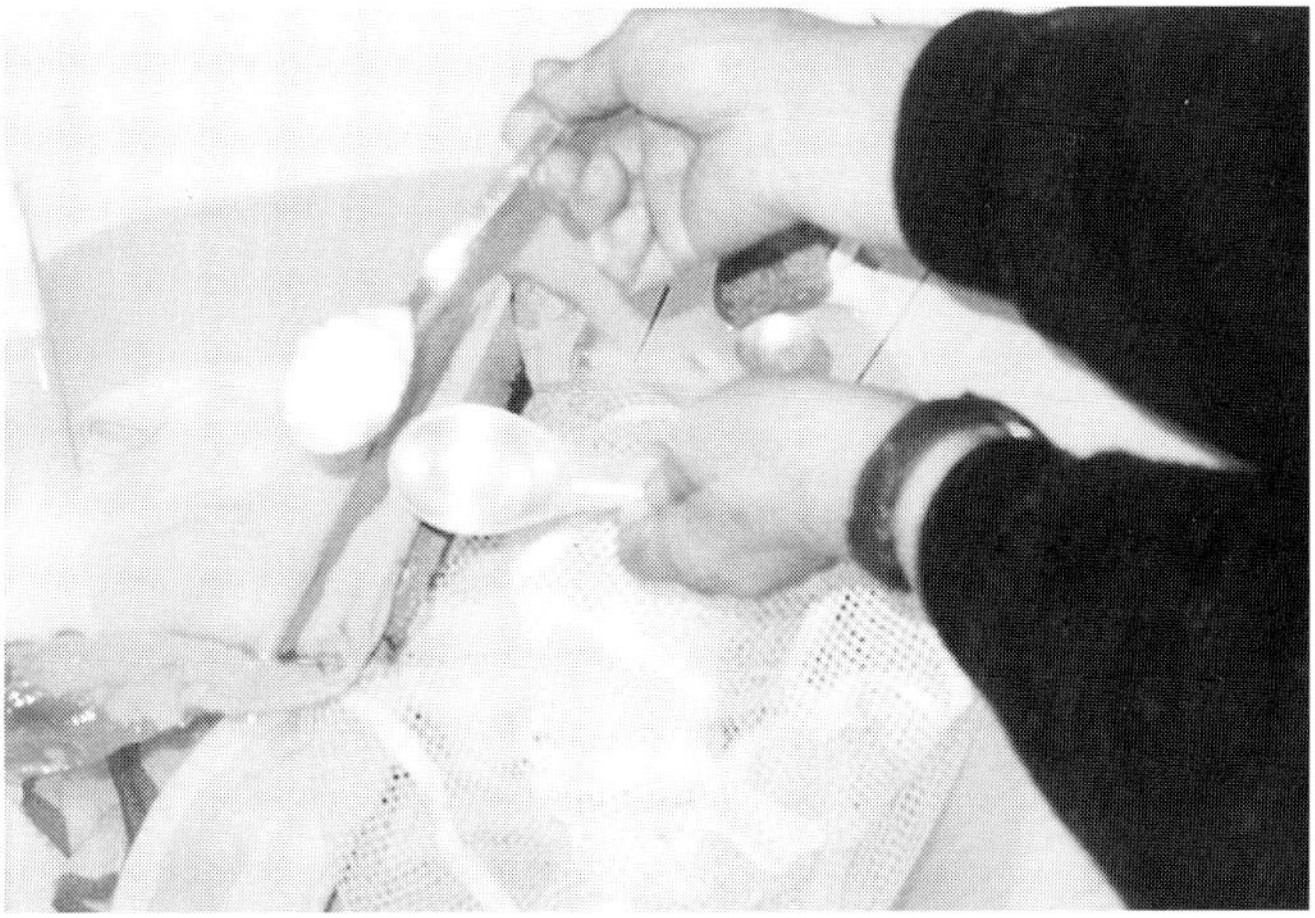

写真 5　食塩と食酢を洗濯機の中に入れる

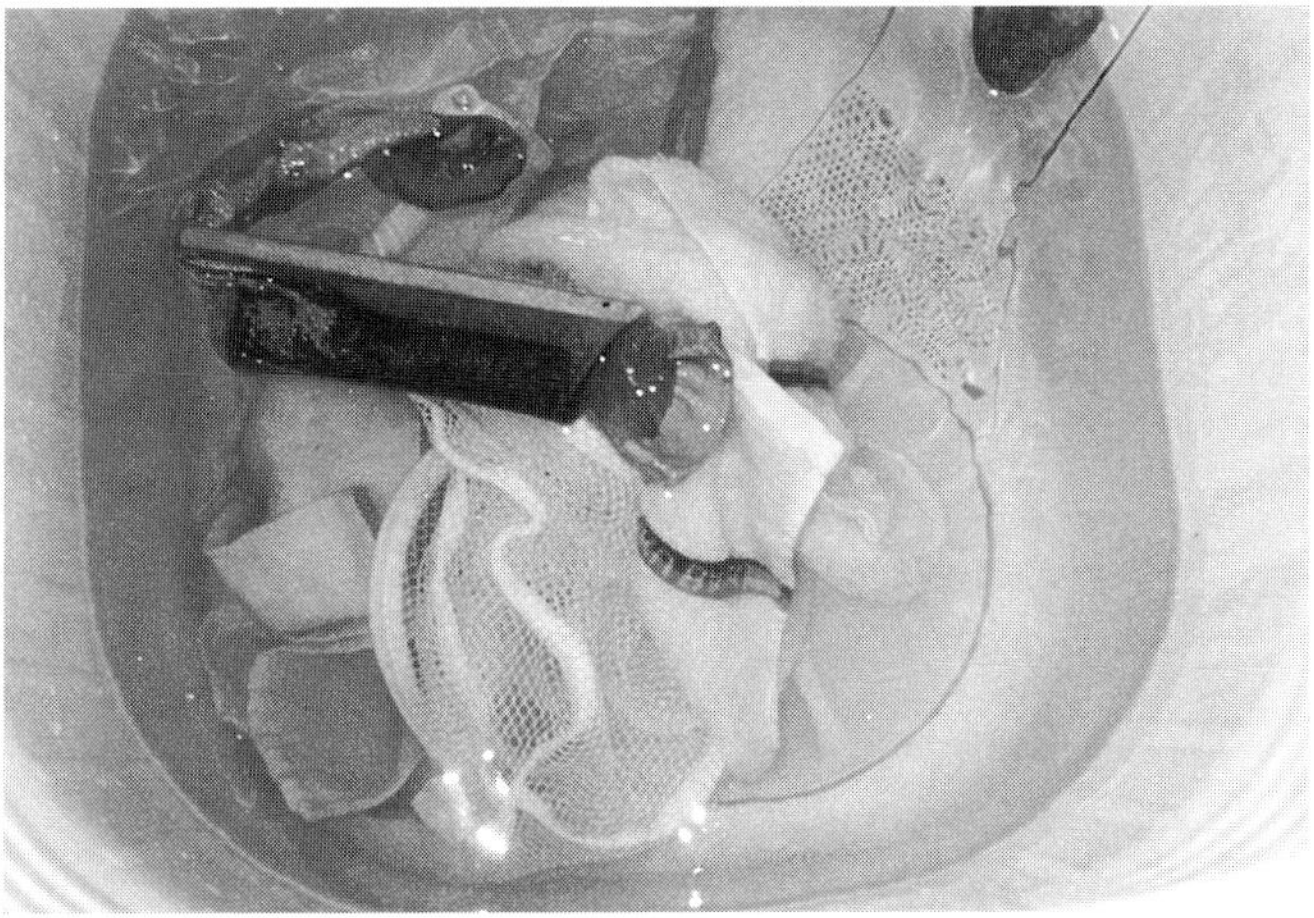

写真 6　洗濯開始！いつものように回すだけ

②車の擦り傷も簡単に直せる裏ワザってありますか?

雪も消え暖かくなるとつい外出したくなるのは人間の心情でしょう。そこで車でドライブとなったとき、気になるのが車体の擦り傷や引っかき傷です。自分ではやらないうちに駐車場などでやられると、誰がやったのかわからないので余計に腹が立ちますね。修理工場へ持って行くとちょっとした傷の修理でも数万円は取られます。

そこで今度は、素人でも簡単に擦り傷や引っかき傷を直せる秘伝を紹介しましょう。用意するものは、重曹、小麦粉(パンを焼くときの粘り気のある強力粉)、柔らかい布、だけです。ただし、大きなガリガリした傷や窪んだものはダメですよ。

まず、重曹と強力粉を一〇対一の割合で混合します。これを柔らかい布に擦り付け、傷に当ててゆっくりこすります。なるべく傷を中心にまんべんなく軽くこするのがコツです。不思議なことに次第に傷が消えて、元通りになります。傷跡が消えたら一日そのまま放置し、後は水でよく洗います。たったこれだけです。

傷の消える理由は、強力粉で重曹の微粉末を接着させて傷の隙間を埋めるからです。周囲の塗装にも影響はありません。塗装は、ウレタン樹脂ですが、重曹や強力粉とは反応しません。

自分で修理剤を買い、擦り傷に塗っても色が微妙に違ったり、凸凹ができたりするとかえって醜くなります。この点、重曹と強力粉を使うと自然に傷を隠してくれます。一度お試しください。

「自分の顔のシワもこの方法で隠せないか」ですって？　無理でしょうね。お悩みはわかりますが厚化粧をするしかないでしょう。

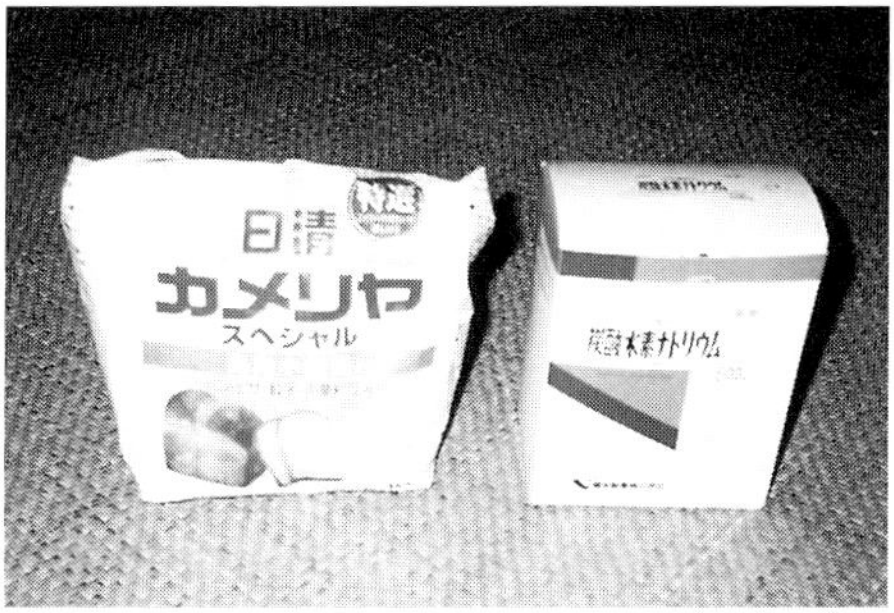

写真７　用意するもの．重曹と強力粉（市販品）

写真 8　重曹と強力粉を 10 : 1 に混ぜ合わせたもの．柔らかい布

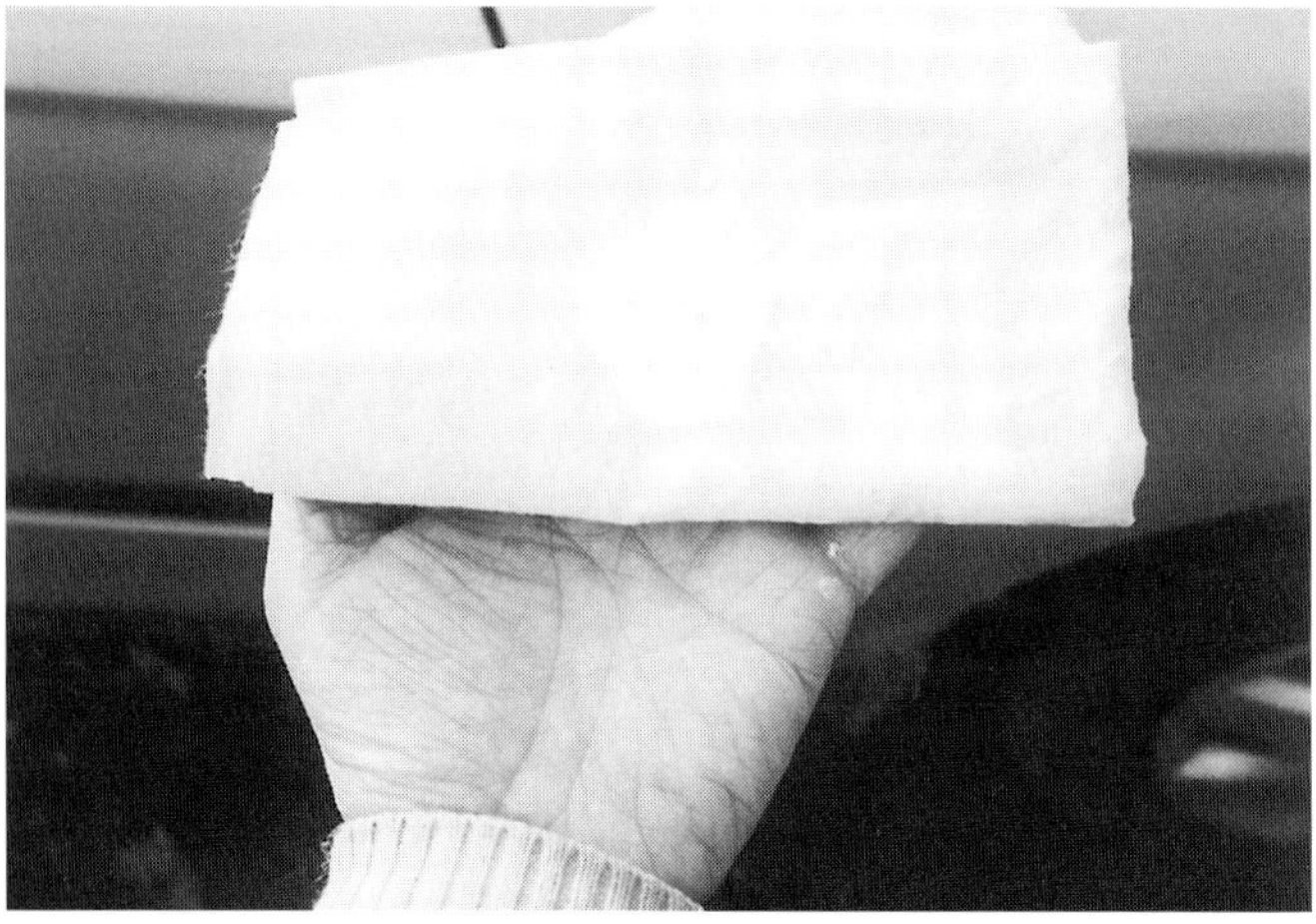

写真 9　布に付ける

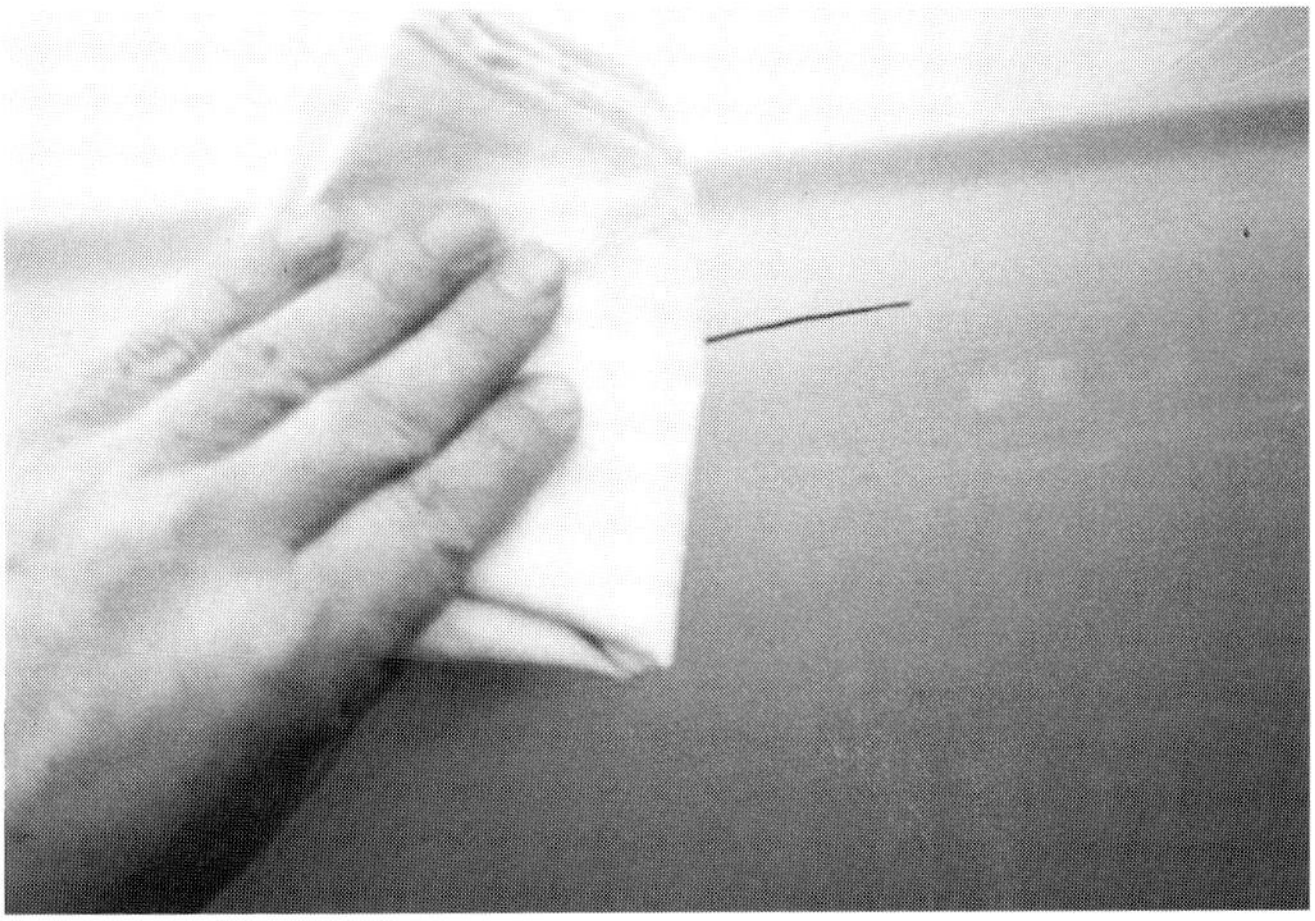

写真10　自動車の擦り傷に当て，ゆっくりとまんべんなくこする

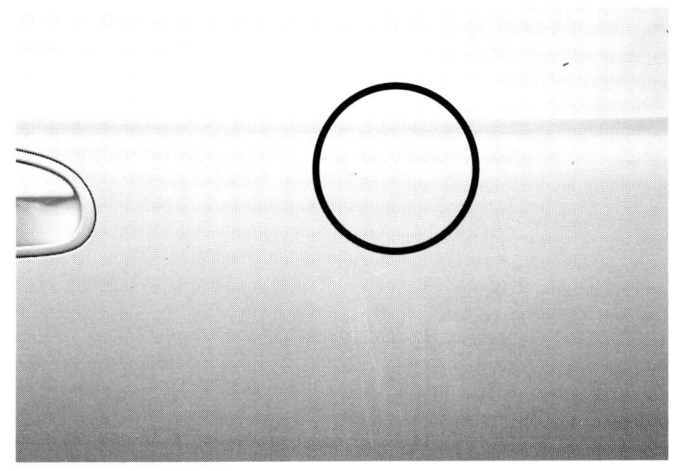

写真11　1日そのままに放置しておく

写真12　水で洗えば傷が消えて元通り．「わあ，感激，うれしい！」

③ 不思議！ 梅干しの捨て汁がエコロジー携帯カイロになるのですか？

木枯らしが吹く頃になると、温かいものが欲しくなりますね。エッ？「熱燗が恋しい」って！ 懐が寒いからせめて温かい食べ物でもという気持ちはわかりますが、今回は携帯カイロをつくろうというのです。

梅干しを漬けた汁なんかは、皆様はどうなさっていますか。「酸っぱいから捨ててしまう」って！ それはもったいない。実は、この汁から携帯カイロがつくれるのです。携帯カイロなど安く売っているといわれるかもしれませんが、あれは鉄粉と食塩水ですよ。使用後は、燃えないゴミになりますね。これは実に不経済で無駄なことです。梅干しの汁を使えば、エコロジーで地球にやさしく何だか暖かみのある携帯カイロになりますね。つくり方をご覧にいれましょう。

大さじ八杯の酸っぱい梅干しの漬け汁を薄い小さめのポリ袋に入れ軽く封をします。これとは別のポリ袋（携帯カイロ程度の大きさのもの）に家庭園芸用の消石灰五〇グラムを入れ、この中に先ほどの梅干しの汁が入った袋を入れ、しっかり封をします。これでできあ

写真13　用意するもの．梅干しの汁，家庭園芸用消石灰，ポリ袋(大小)

写真14　小さ目のポリ袋に梅干しの汁を入れ，軽く封をする

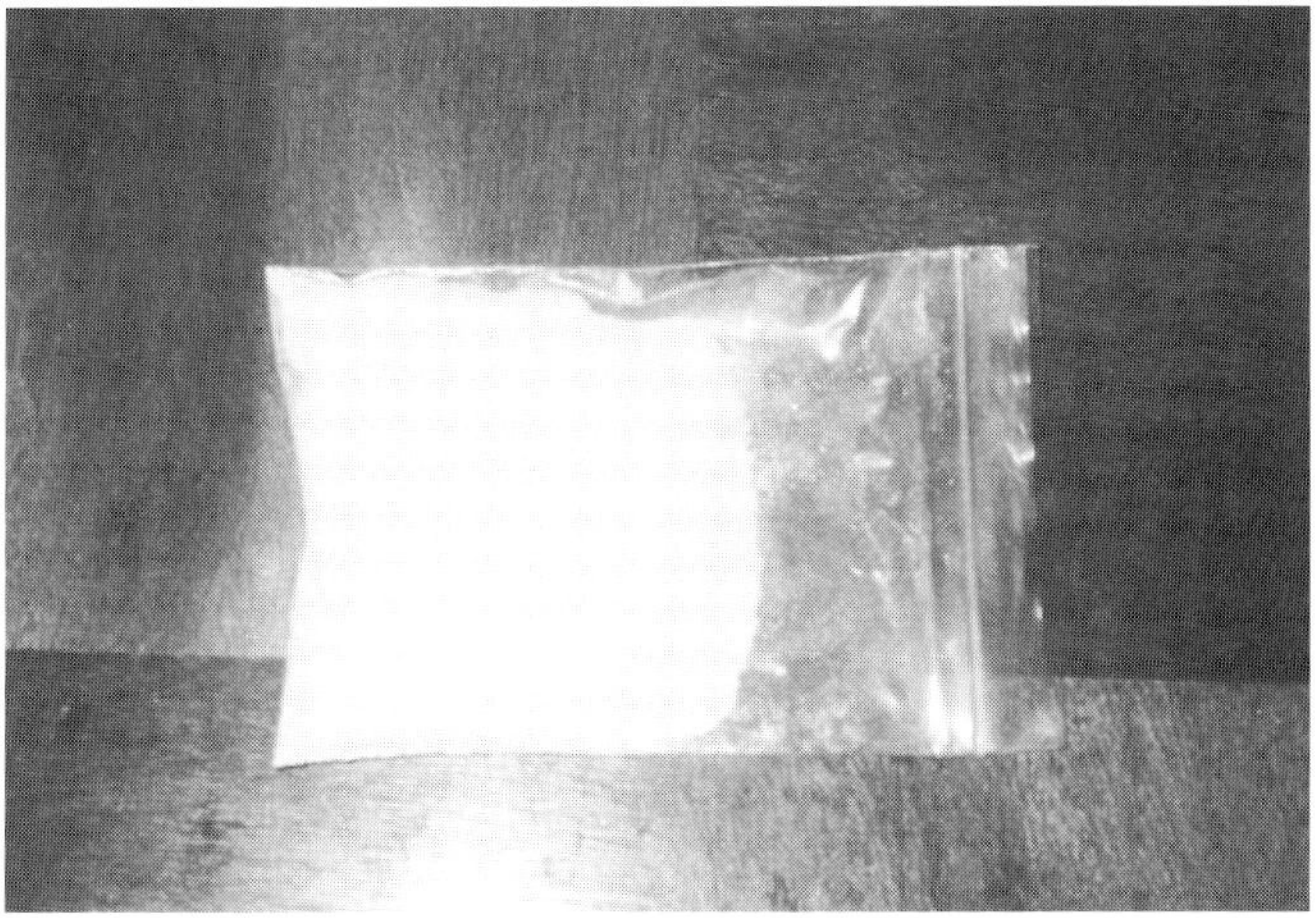

写真15　携帯カイロ程度のポリ袋に家庭園芸用消石灰を入れる

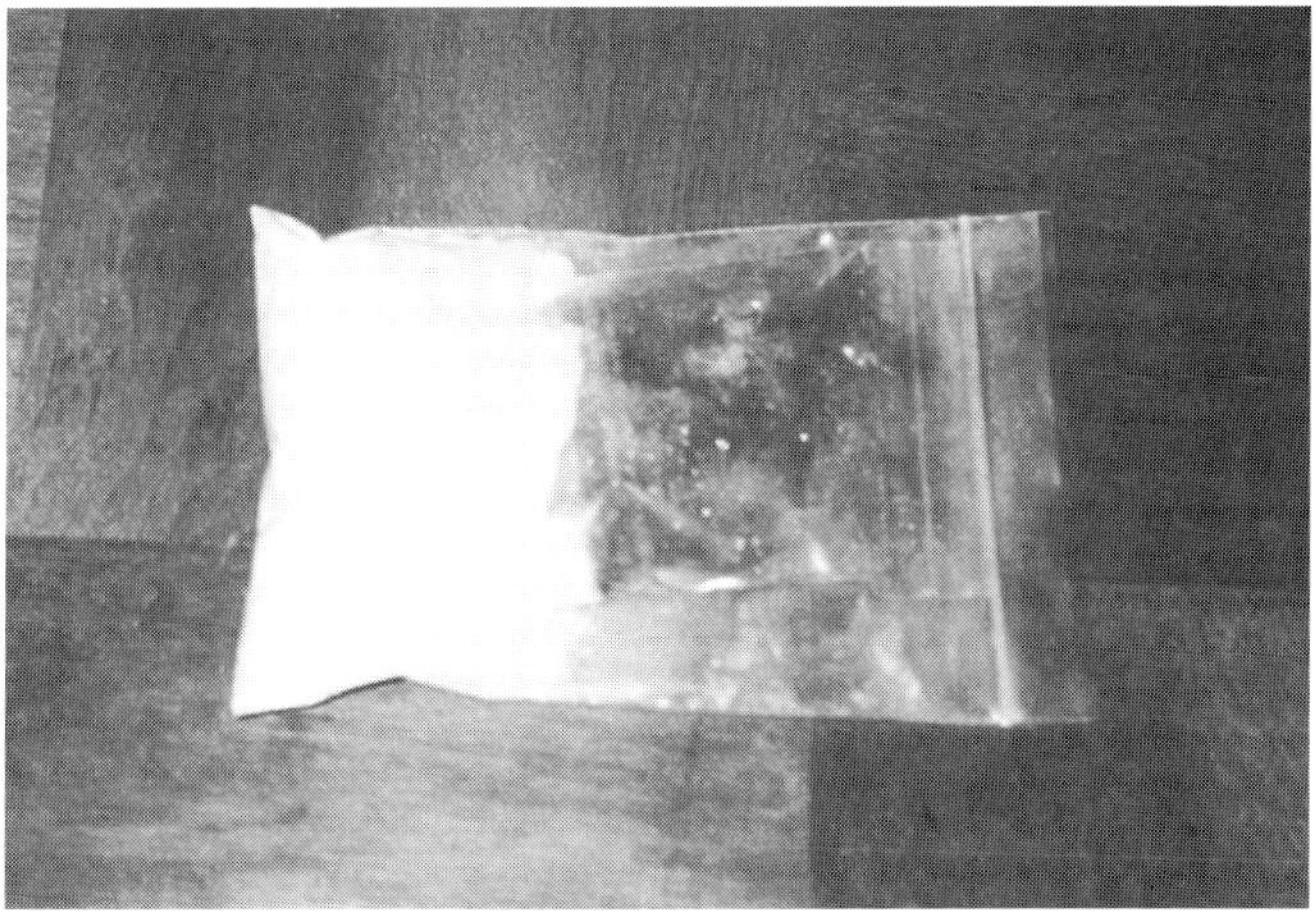

写真16　消石灰の入ったポリ袋の中に梅干しの汁の入った袋を入れ，しっかり封をする

がり。

使用するときは、梅干しの汁の入った小さな袋を外から破るか封を開けるかして、消石灰と混ぜます。すると、次第に熱が出て温かくなります。これは、梅干しの酸と消石灰のアルカリの「中和反応」で生じた熱です。ですから、梅干しの汁はなるべく酸っぱいものが良いですね。酸とアルカリで中性にするのが目的ですが、実際には消石灰を多めにするのが良いでしょう。反応が終わると、梅干しの赤い汁は消石灰に吸収され緑色になり、全体は、ややサラサラしたものになります。リトマス紙の色の変化と同じですね。

急に混ぜないで、ゆっくり振ると少しずつ温かくなってきます。均一に混ぜるのが全体に温かくするコツです。上手にすると五〇℃ぐらいまで上がります。携帯のカイロのように、ポケットや懐に入れておくと温度が保てます。梅干しの汁がなかったら、お酢でもオレンジジュースでも酸性の酸っぱいものだったら何でも使えます。らっきょうの汁なども面白いアイディアですね。また、家庭園芸用消石灰の代わりに木灰でも良いです。

熱が出なくなった後は、燃えないゴミとして出せますし、もっと良いのは畑に撒けば立派な有機肥料になります。身近にあるものを利用してできる簡単なものづくりの実験です。

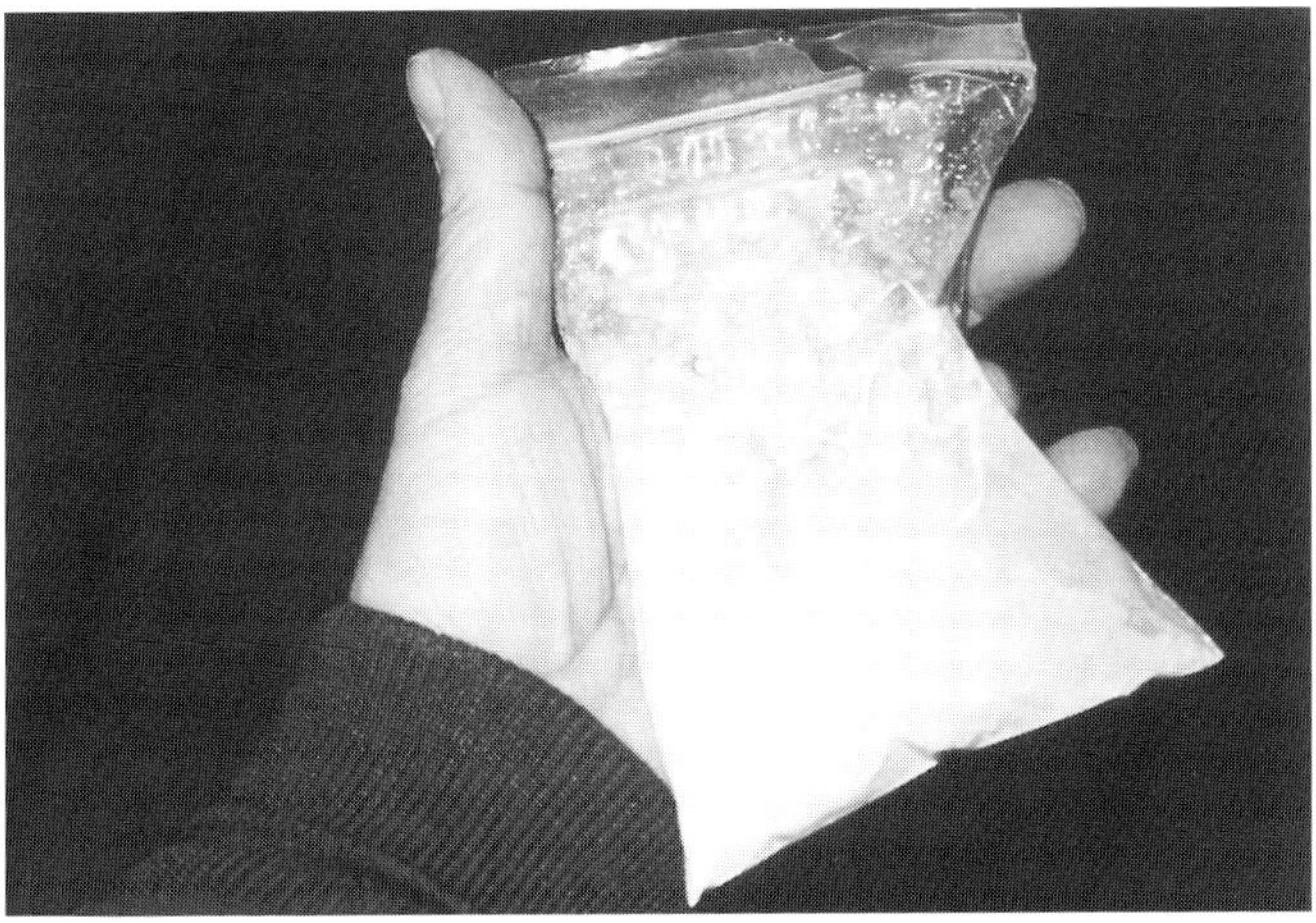

写真17　梅干しの汁の袋を破り，消石灰と混ぜ合わせる

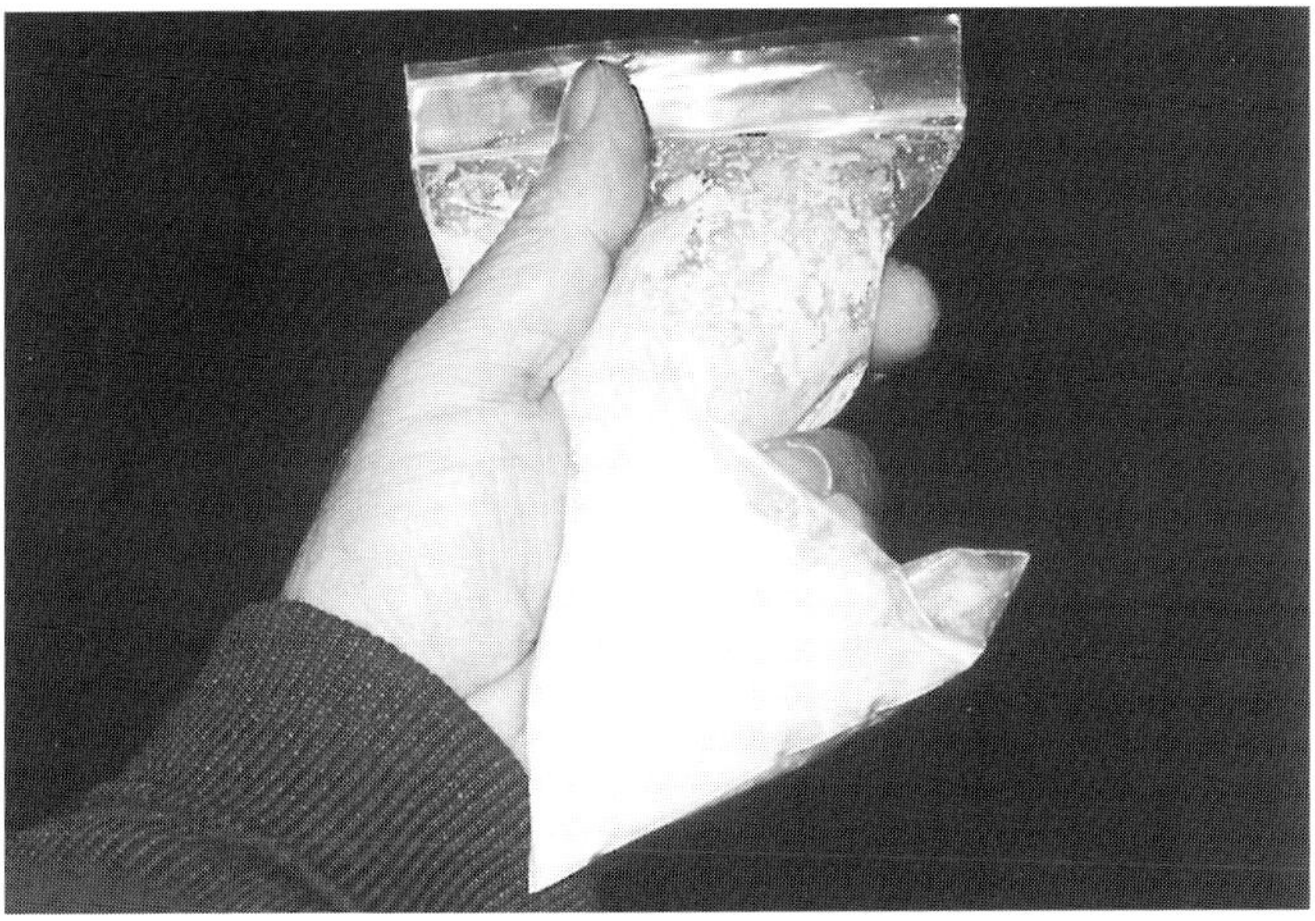

写真18　次第に熱が出て温かくなり完成！

④ 自分で簡単につくれる消火器があるのですか？

暑い夏が過ぎて火が恋しい季節になると、そろそろ火事の心配が気になりますね。秋の火災予防週間が毎年実施されているように、自分だけでなく他人にまで迷惑をかけ、すべてが無になる火事ほど恐ろしいものはありません。

皆さんは、火事の予防に何か準備をしていますか？「何もしていない」ですって！まあ、普通はそうでしょうね。しかし火災は、最初の三分間というように初期消火が大事です。それにはまず、台所など火事の発生しやすい所に消火器を置いてはどうでしょうか？「でも、あんなに高価でいつ使うかわからなくて重い変な形のもの、台所や居間に置けないね」。これはきつい物言い!? では、台所や居間に置いても違和感を与えない軽くて安い消火器のつくり方を紹介しましょう。

それは、ペットボトルでつくる消火器です。消火能力は、使い方のコツさえわかれば市販の泡沫消火器と何ら劣ることはありません。つくり方は写真を参考にしてくださいね。

使い方は次のとおりです。火が出たら、このペットボトルの口のゴム輪を外してビニール袋の重曹液を中に落とします。同時にペットボトルの口を手でしっかり押さえて、ボトルを逆さにし激しく振ります(上手《うま》くビニール袋が落ちない場合は、棒でビニール袋を突き破ってから押さえてください)。炭酸ガスの白い泡が勢いよく噴出するので、ペットボトルの口を親指で押さえ、圧力を加減してください。

瞬時にミョウバンと重曹が反応し、炭酸ガスと水酸化アルミニウムになり、炭酸ガスの圧力が水酸化アルミニウムの白い泡を遠くまで飛ばすのです。指で上手く圧力を調整すれば、消火液は約一〇秒間、三~四メートルの距離まで達し、天ぷら油の火災やストーブの火など簡単に消せます。炭酸ガスが酸素の供給を遮断し、水酸化アルミニウムの膜が可燃物を包むのです。計算上は、二五リットルの炭酸ガスが発生します。原理は、市販の消火器と同じで長期間保存できます。ただし、倒れないように部屋の隅に置いてくださいね。うっかり蹴飛ばすと、部屋中が真っ白になります。でも置き場所を忘れてしまっては困りますよ。ぜひ、何本かつくってみられてはどうでしょうか。

ペットボトル消火器は、ものつくりの楽しさが味わえて、しかも大切な財産が守られると思えばつくってみようという気分になるはずです。リサイクルとエコロジーで安心と安全が保障されます。

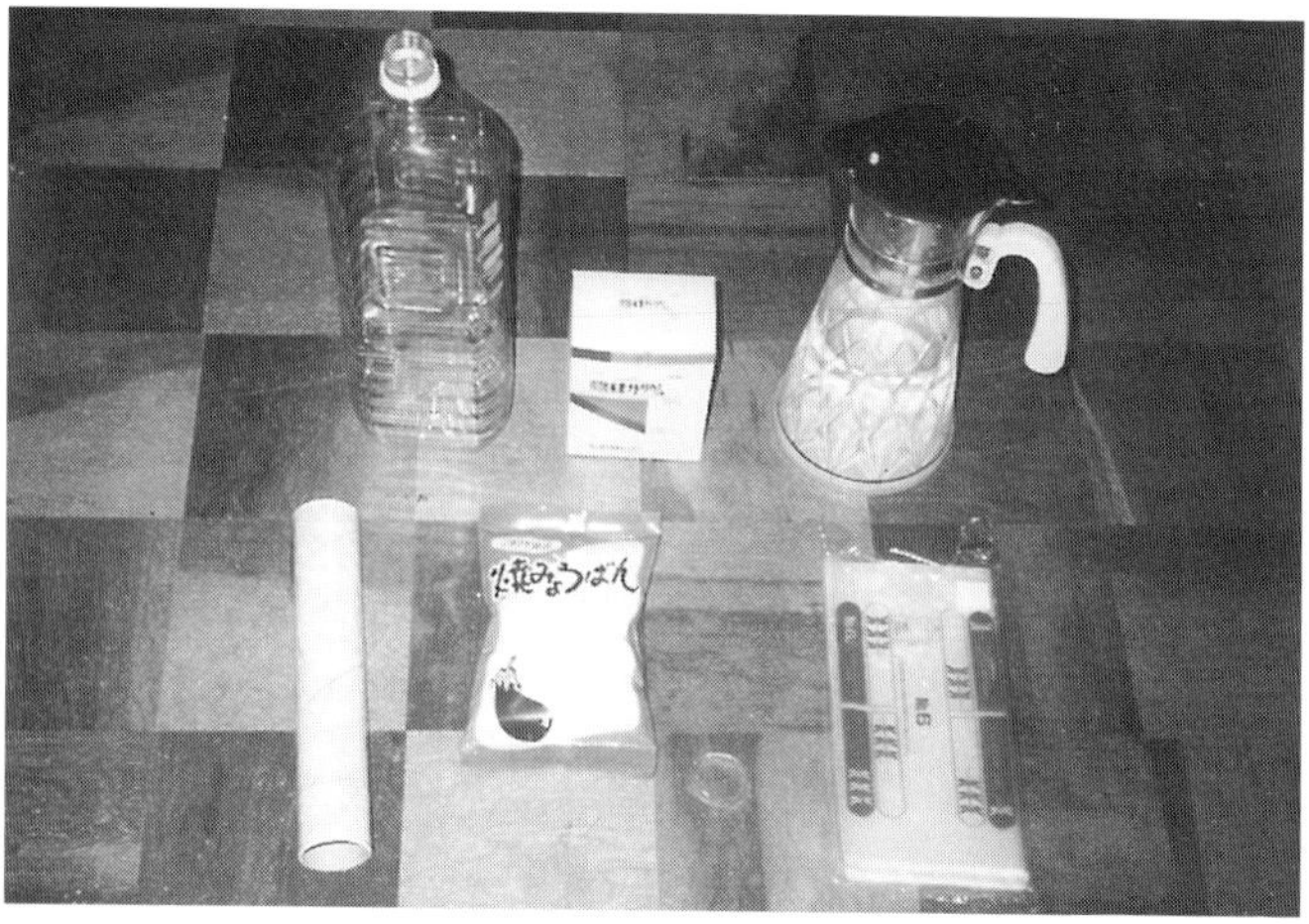

写真19　用意するもの．2リットルのペットボトル，重曹100グラム，ミョウバン200グラム，水1.8リットル，1リットルの大きさのビニール袋，小さなラップ，輪ゴム数個

写真20　ミョウバン200グラムを水1リットルに溶かしてペットボトルの中に入れる．このとき，溶解熱で温度が上がる．完全に溶けなくて沈殿が下に残っていてもかまわない

写真21　ペットボトルの口からビニール袋を押し込む

写真22　袋の口を逆に開いてゴム輪でとめる．重曹100グラムを水0.8リットルに溶かしたものをビニール袋に少しずつ加えていく

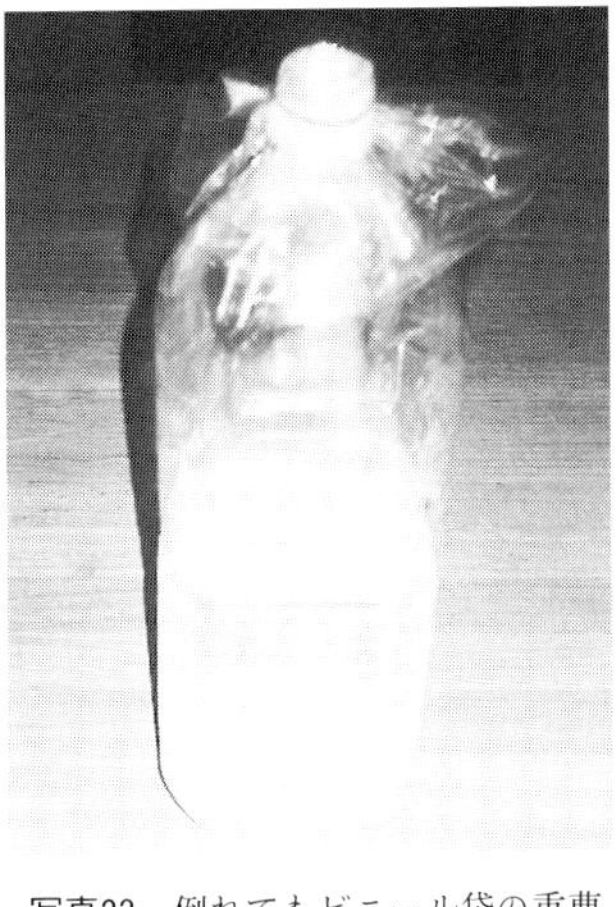

写真23　倒れてもビニール袋の重曹がこぼれないようにラップで口を包む．これで完成

でも一度くらいは使い方の練習が必要かもしれません。次頁のように、強く上下に振って、ミョウバンと重曹を混合させ、親指で押さえて圧力が十分にかかるのを待って火に向かって放出するのがコツです。周囲が白くなりますから、練習の時は衣服に付かないようにすること、広場でやることを忘れないでくださいね。

写真24　使用時は，ペットボトルの口のゴム輪をはずして重曹の袋を中に落とす

写真25　ペットボトルを手で押さえて上下に激しく振る

写真26　ミョウバンと重曹が反応して炭酸ガスと水酸化アルミニウムの混合物が噴出する

写真27　消火が完了

⑤ 竹エキスで血圧降下とガン予防ができるって本当ですか?

奈良の有名なお寺に「ガン封じの酒」といって、毎年春に若竹の筒の中に酒を入れ、これを参拝者に飲ませてガンにかからないように祈るという行事があります。

竹は不思議な植物で、地下茎で増え、約六〇年で花が咲き一斉に枯れてしまいます。竹の花は滅多に見られるものではありません。竹の成長は、植物の中でも最高で、一日に一〇センチ伸びたという記録もあります。かぐや姫伝説も何やら竹の不思議な魅力に関係あるのかもしれません。竹の成長には、何か未知の部分が多いのです。

竹のエキスを抽出するには、若竹を細かく刻み、それをホワイトリカーに浸しておくだけでOKです。ちょうど梅酒をつくる要領です。二～三ヵ月もすると、竹のエキスがアルコールに移ってアメ色になり、ほのかな竹の香りがします。それをそのまま小さな杯に一杯、就寝前に飲みます。本態性高血圧症(生まれつきで完治しない)の人で、最高血圧値が一九〇から一五〇に、最低血圧も一一〇から九〇へと下がりました。飲んでから三～四時間で効果が出始め、それが二四時間持続しました。毎晩飲むことによって、血圧を正常値に保つことができるのです。つまり、血圧降下の作用が働くのです。これは、竹林を散歩すると気持ちが安らぐこととも関係があるのかもしれません。血圧が下がって気持ちが落ち着くのではないでしょうか。

竹エキスは、このほか痔病や便秘にも効果があります。これは、血圧を下げる要因ともなる毛細血管拡張作用によるものです。酒を飲みますと痔が悪化しますが、竹エキスは肛門筋の血管を拡げて弾力性を増し、出血を防ぐものと思われます。

それ以上に不思議なことは、竹エキスに制ガン作用があることです。ネズミによる実験では、胃ガンをはじめとして大腸ガンなど消化器系統のガンに著しい治癒力が認められました。将来は、制ガン剤の一つになるかもしれません。

単なる言い伝えか迷信としか考えられていなかった奈良の「ガン封じの酒」は、科学的にも根拠があったわけです。誰が見つけたのか、考えたのか、または直感だったのか、それとも偶然の一致か、誠に不思議ですよね。

「若竹の七不思議」

①成長が著しく速い。

②六〇年が開花の周期(一二〇年説もある)。

③制ガン作用や殺菌作用がある(若竹は元来酸性土壌に育ったため、有機シリコン、ゲルマニウムなど各種の遷移金属が含まれ、これらには抗ウイルス効果や細胞増殖抑制効果がある物質(インターフェロン)を誘発する作用がある)。
④エキス分は、血圧を下げる作用がある。
⑤痔の治癒効果を示す。
⑥便秘の治癒効果を示す。

しかし、身近な竹もこれまで人々の健康のために利用しようという試みはあまりありません。奈良県などでは、竹の筒に酒を入れて飲むという風習が残っています。

前述したように、このエキスは血圧を著しく下げ安定化させることがわかっています。また、肛門筋の収縮を促して痔疾を軽減し、さらに大腸筋の運動を活発にし便秘を軽くします。一方、若竹や笹の葉には制ガン作用があることもわかっています。このような若竹の利用は我々の生活をさらに豊かにしてくれることでしょう。

写真28　用意するもの．若竹(孟宗竹または真竹の１～２年もの)，ホワイトリカー，ハチミツ，梅酒ビン

写真29　若竹を細かく切る．なるべく表面積を多くするため，わり箸状もしくは輪切りにする．細かいほどエキスが出やすい

写真30　切った若竹を梅酒ビンに入れ，ホワイトリカーを注ぐ

写真31　ハチミツを大さじ１杯ほど加える

写真32　約２～３ヵ月置く

写真33　竹酒(市販品)

⑥ 鉄の切りくずで食品を新鮮に保てる裏ワザがあるのですか?

これが鉄くずの不思議な働きです。冷凍庫が普及した今日、食品の保存は冷凍することが常識となっています。しかし、冷凍すると生鮮食料品などは細胞が凍ってしまい、加工食品でも味が低下することは誰でも経験していますね。室温でそのまま保存できる方法があれば理想的なのですが……。そこで今回は、梅雨の時期などカビがたちまち発生して困る食品、とくにパン類やカステラなどを長期間、味を落とさずに保存する方法をご紹介しましょう。

パンやカステラをおいしく長持ちさせるには、次の条件が必要です。

①カビの発育防止。
②油分の酸化による不快臭の発生防止。
③変色や退色の防止。
④栄養成分の損失防止。
⑤害虫の発生防止。

この中で、①の「カビの発生防止」が最も重要課題になります。普通の状態では夏季になると、パンは三日ぐらいでカビが生えますね。そこで「脱酸素」状態をつくってカビの発生を抑え、パンを長持ちさせる保存剤をつくってみましょう。

カビの発生を防ぐ魔法の保存剤は次のようにつくります。まず、鉄工所などで、鉄の切りくず（施盤くず）を少しもらってきます。鉄くずは繊維状のものでも、粉状のものでもOKです。ベンジンまたはアルコールを入れた容器の中に鉄くずを浸し、表面の油分をよく取り除いてから乾かします。つぎに、塩水でごく軽く濡らした脱脂綿で鉄くずを包み、これを適当な大きさで通気性のある布袋か和紙袋の中に入れます。さらに、木炭を少々加え、袋の口を固く縛ります。これで「魔法の鉄くず保存剤」のできあがりです。

食パン、菓子パン、カステラなどを保存剤と一緒にポリエチレンの袋に入れ密封して置いておきます。すると、保存剤の鉄くずが酸化し袋内の酸素がなくなるので、カビの細菌は生きられません。ですから、食パンはカビが発生しないで一週間は十分保存できます。酸化されませんから不快臭や変色もなく栄養成分を損なうこともありません。時間が経っても味に変化はなく、おいしく食べられるはずです。ぜひ、試してみてください（表1）。

「人間もこの方法で長期保存できないか」ですって！　奇想天外なお話ですね。一言でいえば無理です。別の方法があれば別ですが、この方法ではミイラになるのがオチです。ああ、怖!

写真34　用意するもの．鉄の切りくず，ベンジン，薄い塩水の付いた脱脂綿，木炭少々，布袋

写真35　材料を布袋の中に入れて食パンと一緒にしてビニール袋中で放置する．比較のために保存剤なし(左)も置いた

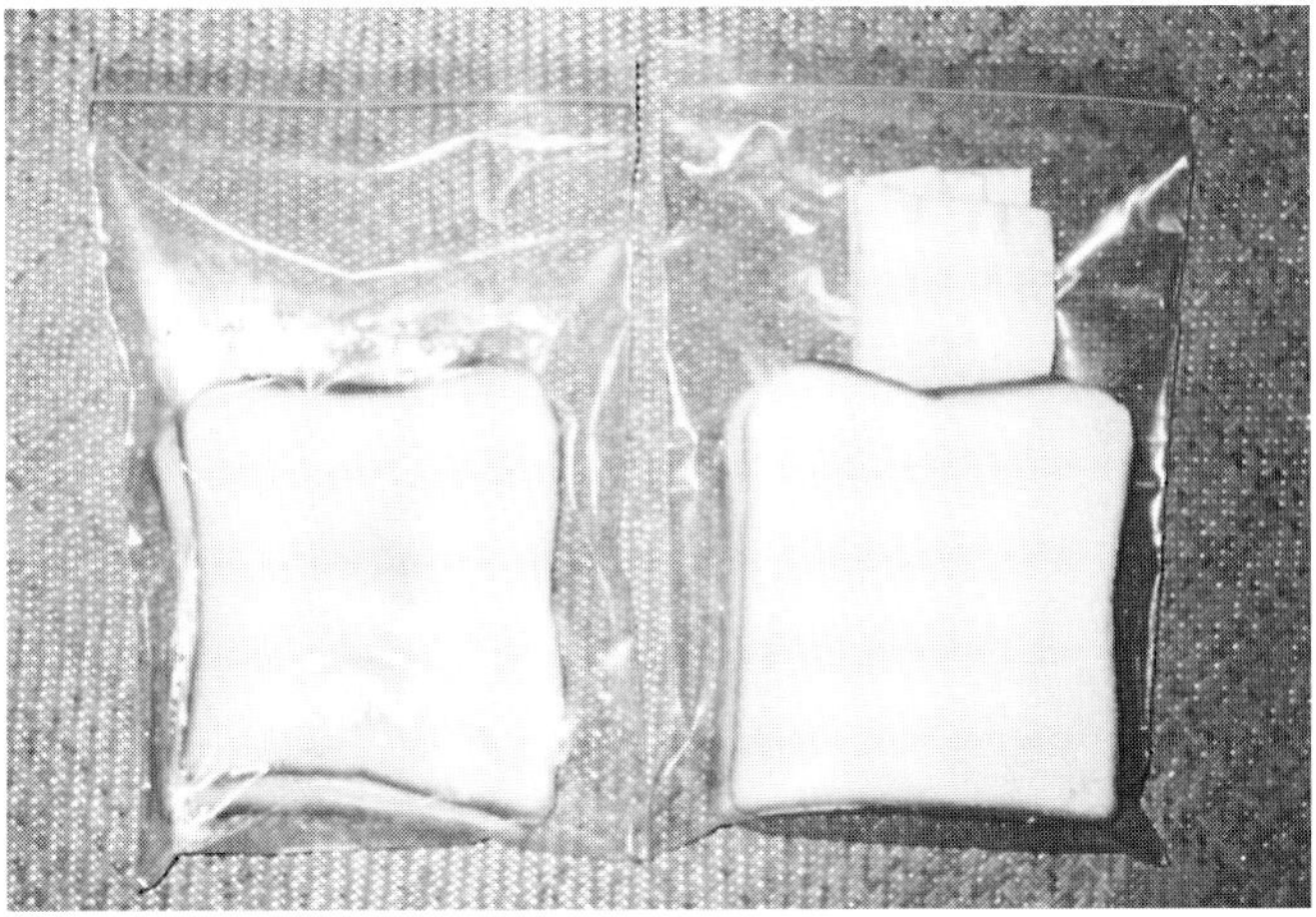

写真36　3日目，保存剤なし(左)の方に一部カビが発生した

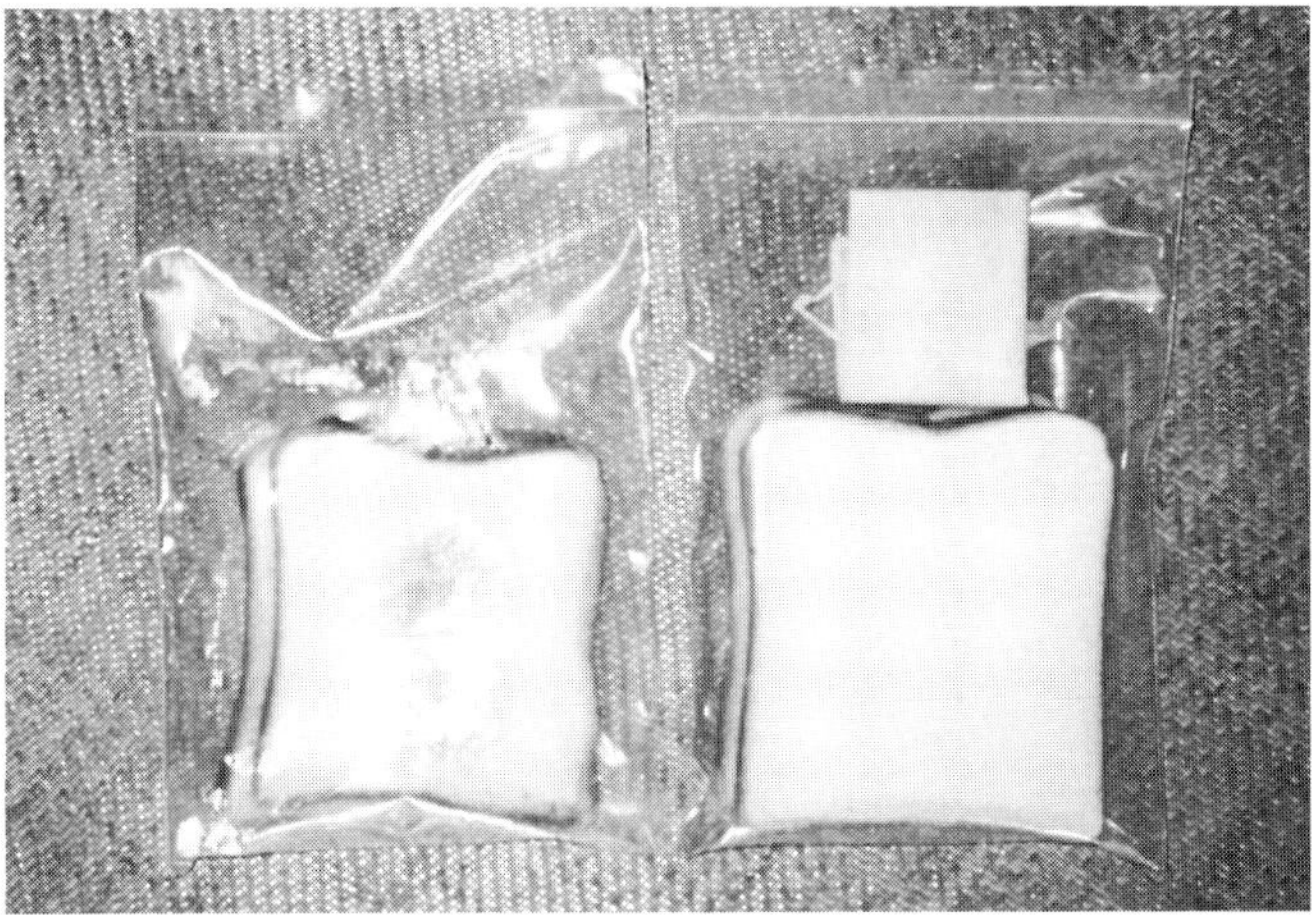

写真37　7日目，保存剤なし(左)の方はかなりカビが発生したが，保存剤ありの方はまだ発生が見られない

写真38　10 日目，保存剤なし(左)の方は全体にカビが発生．保存剤あり(右)の方は一部カビが発生した

表 1　食パンのカビの発生経日変化

観察期間	1 日目	3 日目	5 日目	7 日目	10 日目	15 日目
保存剤あり	変化なし	変化なし	変化なし	変化なし	カビが一部発生	カビが一部発生
保存剤なし	変化なし	カビが一部発生	カビが一部発生	カビがかなり発生	全体にカビが発生	全体にカビが発生

・実験期間（平成 12 年 5 月 16～31 日）　・室内温度（20～26 ℃）

⑦ 酸素でモーターが回る空気電池ってどうなってるの？　つくることはできますか？

電池とは、正極物質と負極物質の間で起こる化学反応を電気に変えて外部に取り出す魔法の箱だということは学校で習いましたね。エッ！「すっかり忘れた」ですって。では説明しましょう。正極物質として空気中の酸素を使うのが空気電池なのです。酸素だなんて掴みどころのないものを使うんですって？　だから空気電池というのです。

市販の小さな空気電池は、カメラ、補聴器などに使われている水銀電池に代わるものとして環境問題の面から注目されているのです。その最大の利点は、正極に空気中の酸素を取り入れるため、これが減極剤として作用するので、今までの乾電池のように減極剤（例えば酸化マンガンなど）がいらないのです。

電池は、正、負極の材料が決まると、その放電反応式から、電圧や容量、エネルギー密度などが計算できるのです。なかでも、エネルギー密度はWh/L、Wh/kgで表され、一リットル、一キログラムの電池のもつエネルギー量を示しています。電池の役割は、元来エネルギーの缶詰ですから、この値は電池の優秀さを示すものです。この値が大きいほど電池は小型化、軽量化され理想の未来形になるのです。では、マンガン電池、水銀電池、リチウム電池と空気電池を比べてみましょう。図1に示したように、空気電池は軽量で小型化できますね。しかも環境にやさしくリサイクルも可能という夢の電池なのです。では空気電池の仕組みを図解しましょう(図2)。

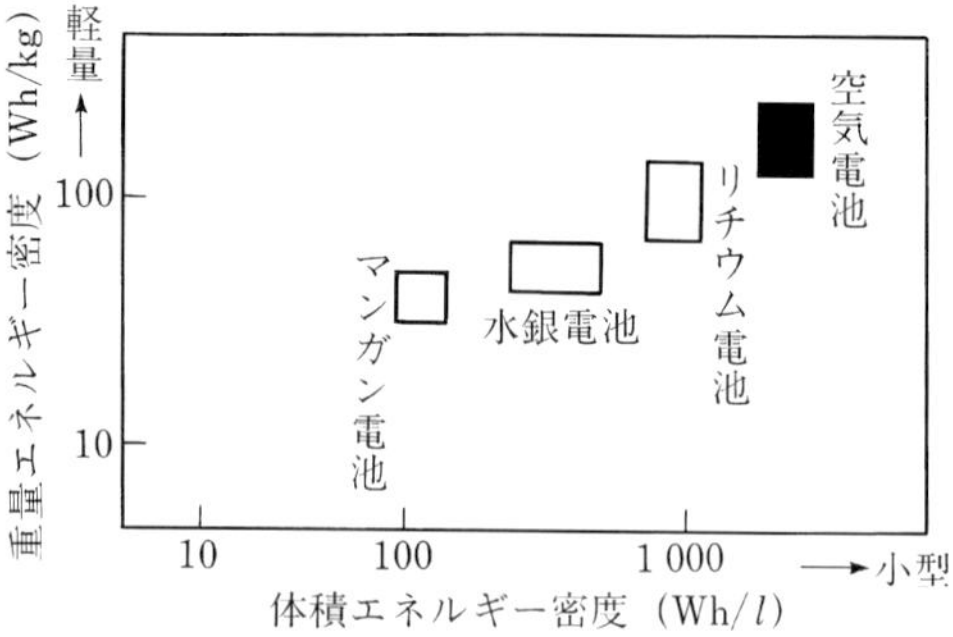

図1　電池のエネルギー密度

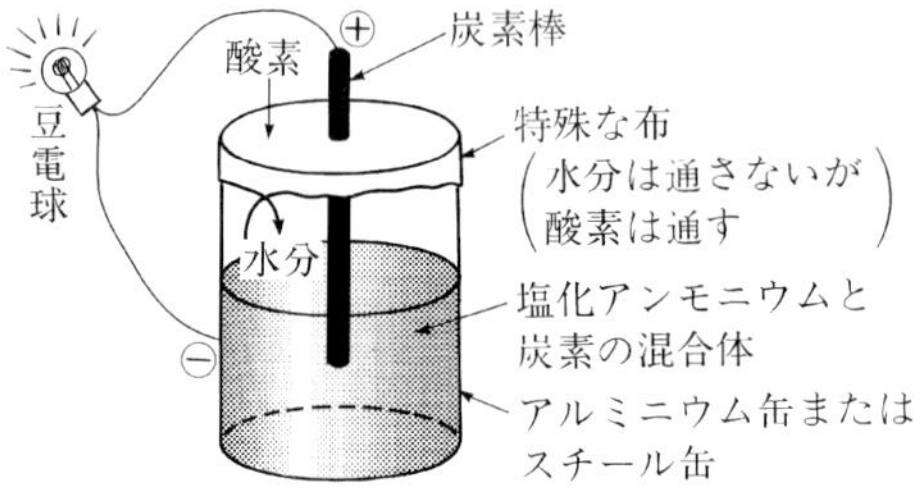

図2　空気電池のしくみ

負極物質のアルミニウムなどの金属、塩化アンモニウム水溶液と炭素粉末を通じて、炭素棒を使い空気中の酸素を取り入れ、こちらを正極物質とする実に単純なものです。小学校の低学年でもつくれますよ。

用意するものは、フィルムケース、厚さ〇・二ミリメートルのアルミニウム板、炭素粉末、塩化アンモニウム水溶液、炭素棒、豆電球または小型モーターおよび布です。空気電池を長持ちさせる秘訣は、この布にあるのです。水分は蒸発させず、酸素は通すのが一番良いのですが、こんなものはなかなか入手できませんね。ですから、適当な布巾で代用しましょう。これでも十分働きます。

では、フィルムケースとほぼ同じ高さと周囲の長さにあわせてアルミニウム板を長方形に切ります。それを、フィルムケースの内側に丸くして挿入します。次いで、上部にケースとアルミニウム板を通してキリで穴を開け、銅線を入れて強くねじります。これで外観はできました。炭素粉末を紙コップに入れ、割り箸で混ぜながら塩化アンモニウム水溶液を少しずつ注ぎます。耳たぶくらいの柔らかさになったら、それを先ほどのフィルムケースに八分目程度に入れ、中央に炭素棒を差し込みます。そして布巾の中ほどに小さな穴を開け、ケースの上から覆って輪ゴムで固定します。これで空気電池のできあがりです。

電池になったかどうか早速試してみましょう。銅線と炭素棒がそれぞれ負極と正極になっていますから、小型モーターを接続してみます。アッ、モーターが回転し始めましたね。確かに電池になったのです。長時間回転させるには布が水分を通しにくく、酸素が入りやすいことが必要です。いろいろな布で確かめるとその効果がわかります。その結果は表の

表 2　布の種類とモーターの作動時間

布の種類	電圧（V）	電流（mA）	マルチモーター RE 140 作動時間（時間）
不織布	0.7	110	156
布巾	0.8	180	270
タオル地	1.2	250	310
ビロード	1.0	270	358

ようになりました（表2）。

電圧は、平均一ボルトです。一〇〇個直列につなげば、一〇〇ボルトになります。電気自動車の電池として車を走らせることも可能ですね。また、豆電球がつきますからクリスマスツリーのイルミネーションに利用すれば何週間も光り続けることでしょう。アルミニウム板が完全に溶けてしまったら取り換えれば再利用できますし、廃棄物が出なくて手軽につくれますし、軽いことが何といっても魅力です。これぞ未来の電池です。登山用の電池としても、軽くて便利ですね。

モーターが動いたときの感激は何にも代え難いものです。ものづくりの虜になるかもしれません。老若男女問わず楽しめる面白い不思議実験です。

ただ、モーターが回転しない場合は酸素がないのですから危険です。すぐ窓を開けて空気を入れてくださいね。つまり、空気電池は酸素の存在を知らせるセンサーにも使えるのです。マンホールなどに入るときは、豆電球が点灯していれば安心というわけです。

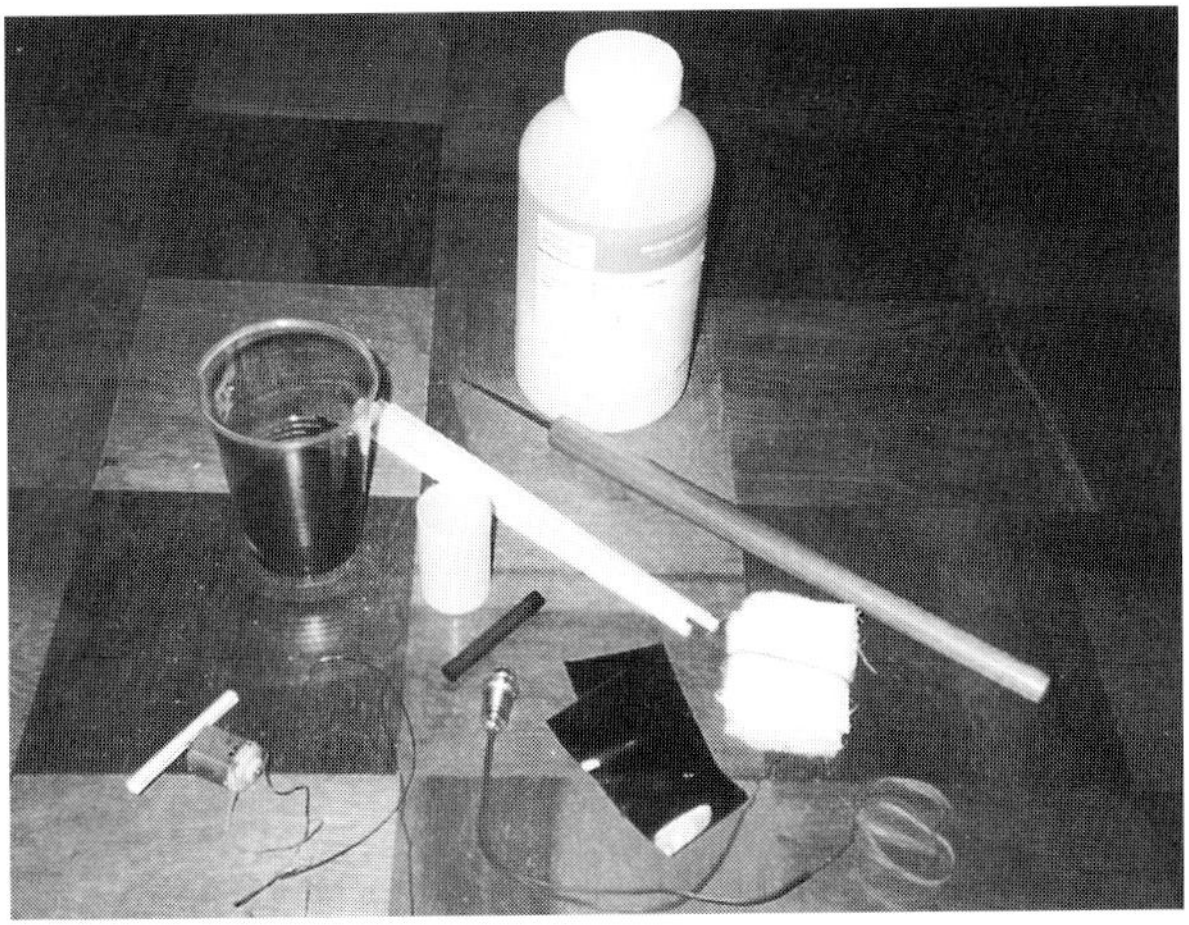

写真39　用意するもの．フィルムケース，アルミニウム板，炭素末，塩化アンモニウム水溶液，紙コップ，割り箸，銅線，炭素棒，布，小型モーター，豆電球，キリ，輪ゴム数個

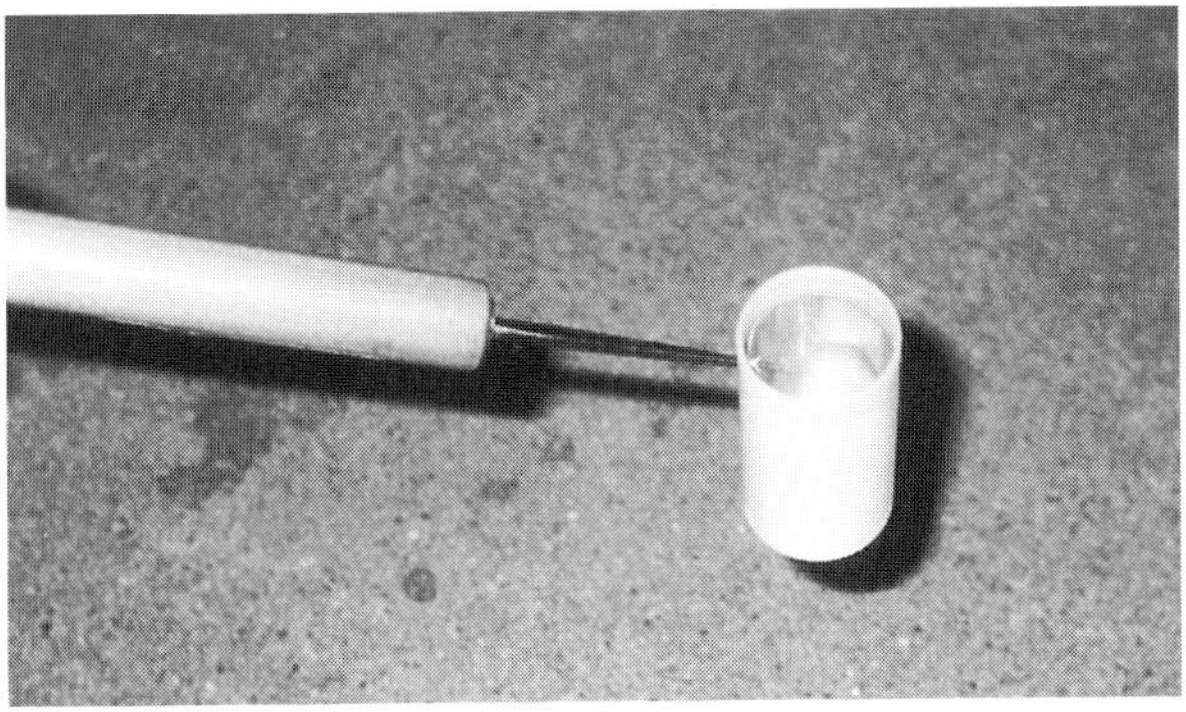

写真40　アルミニウム板をフィルムケース内に挿入し，キリで穴をあける

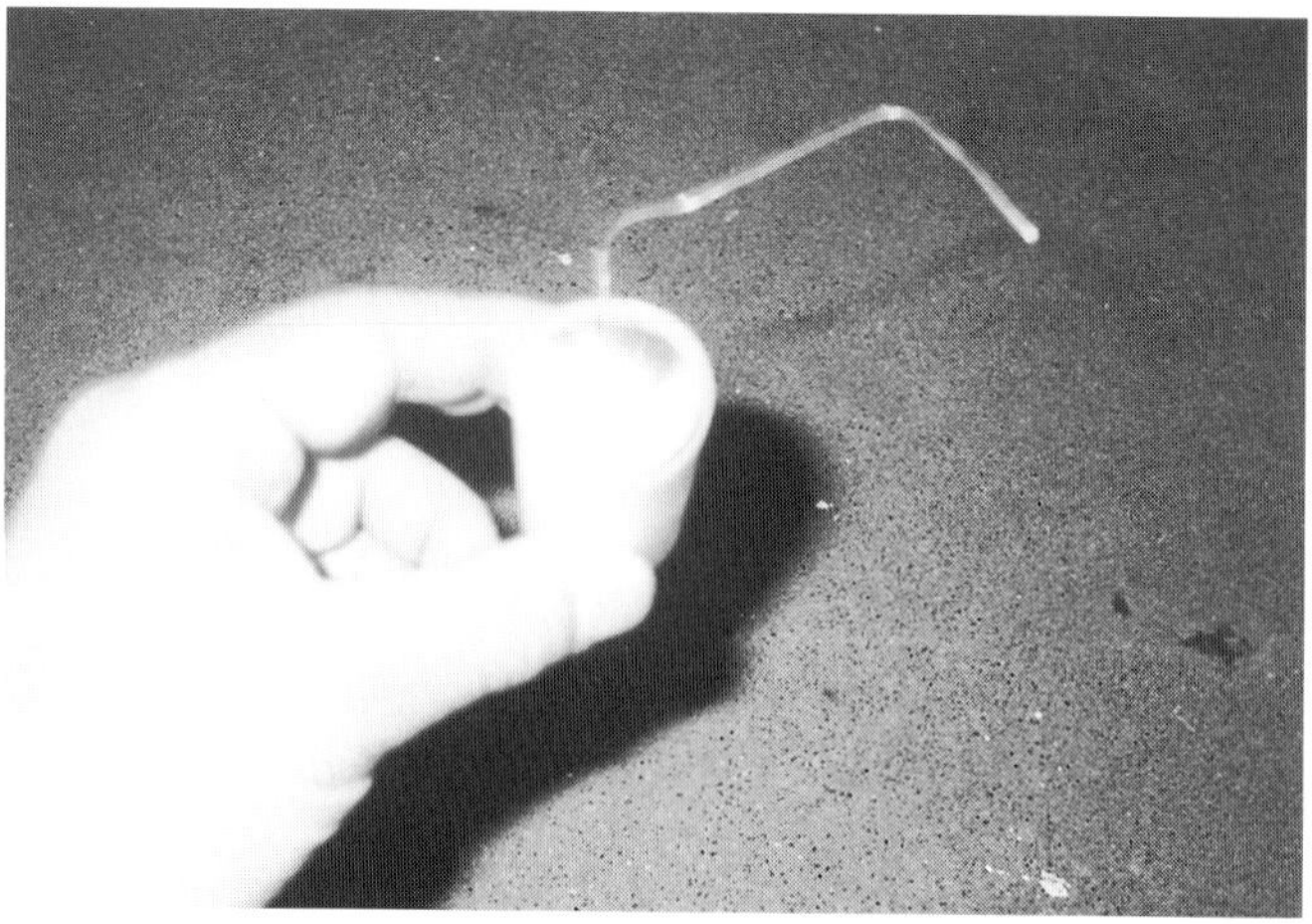

写真41　銅線を通して固く縛る

写真42　炭素末に塩化アンモニウム水溶液混合物を中に入れる

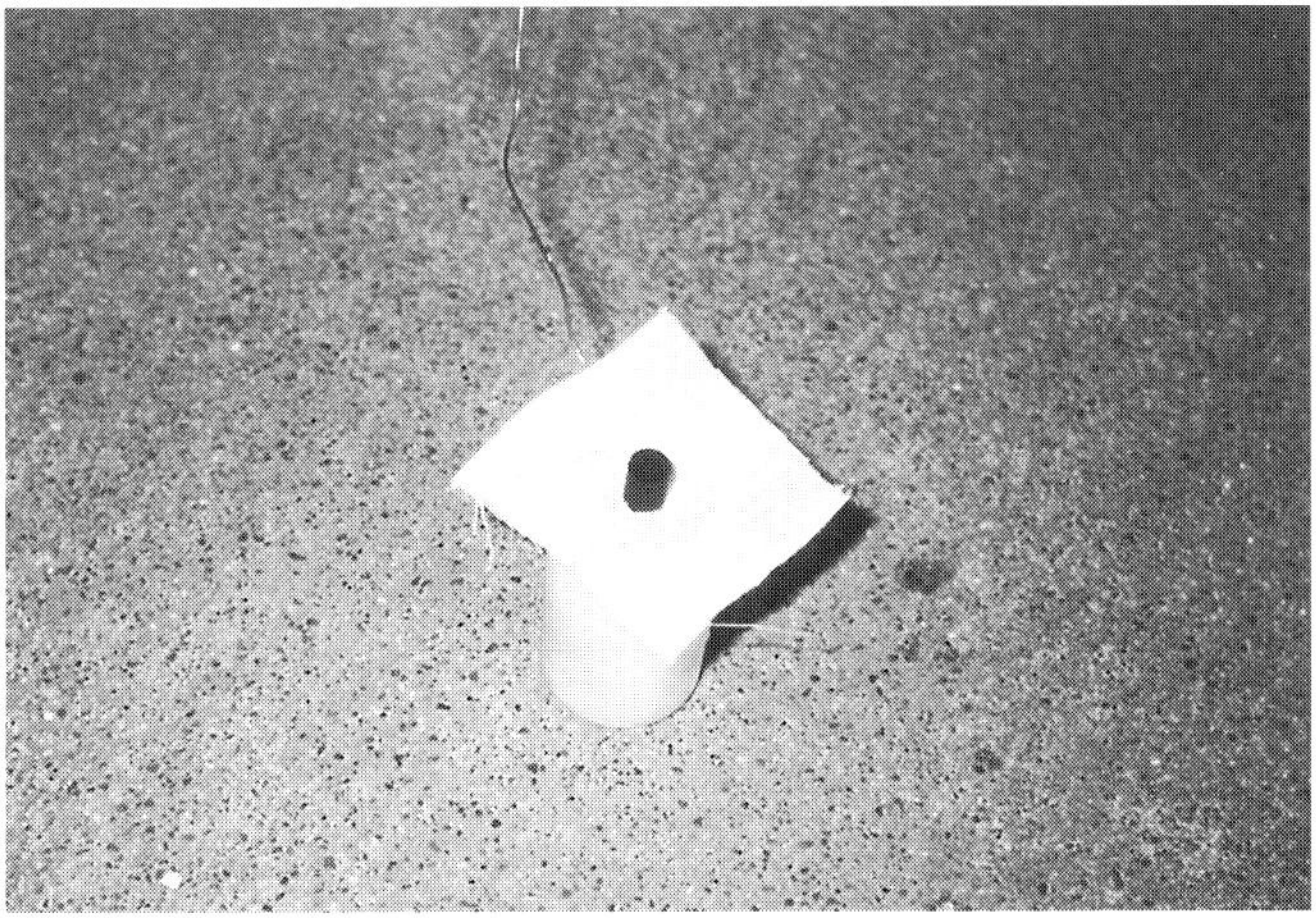

写真43　その中に炭素棒を差し込み，布で覆う

写真44　モーターが回転する．不思議ですね．でも嬉しい！

⑧ 気軽につくれる自家製薫製のつくり方を教えてください。

燻製とは、肉や魚を木材の煙でいぶして特有の風味をもたせると同時に、保存性を増すことをいいます。燻製は人類太古から行われていたのでしょう。それは多分、穴ぐらの天井につるして置いた獣肉がたき火の煙でいぶされ、おいしくなっていることに気付き、また腐りにくくなっていることを発見したのが始まりでしょう。燻製の原料は、国によって違っています。西洋ではブタ、トリなどの鳥獣肉が主で、日本では魚介類が好まれています。

木材を加熱すると、熱分解を起こして煙が発生します。この煙は強い香りをもつと同時に、油の酸化を防止する作用や微生物の発育を阻止する作用があります。したがって、これらの煙を吸着した肉や魚は芳香を有し、酸敗しにくいのです。煙を発生させる木材は木くずやおがくずなどのチップ状にして用います。種類としては、樹脂分の少ないナラ、ブナ、サクラ、リンゴなどの堅いものが使われ、タール分の多い杉やマツは用いられません。

燻製品には、ニワトリの枝肉、卵類、チーズ、各種の魚介類があります。一般的なのはベニザケを燻製にしたスモークサーモンですが、わが国ではスルメイカを燻製にしたイカ燻製品が喜ばれますね。

燻製は、スモークハウスと名付けられたレンガ製か鉄製の室で木くずやチップを炭火で煙を発生させてつくります。小規模のものは、レストランでも備えられていますが、時間もかかり素人が手軽につくるというわけにはいきません。しかも、長いものになると一～二日間も燻煙を出さなくてはなりません。

そこで、今回家庭にある手軽なものを使い、短時間でおいしい燻製品を味わおうというのです。レンガ室や鉄製の室の代わりにパーコレーターを使います。これは、内部が見えて燻製のでき具合がわかりますし、ガスコンロや電気コンロが使えて、台所や室内でもつくれるのが楽しいですね。

では、始めましょう。用意するものはパーコレーター、小さな金網、ステンレス針金、アルミホイル、それに電熱器だけです。材料は、一応チーズ、卵、ベーコン、ハム、トリ肉、ベニザケ、スルメイカなど準備されてはいかがでしょう。

①パーコレーターの中にチップを一センチ程度の深さになるように均一に敷きます。

②パーコレーターの口の大きさに合う金網を乗せます。

③ステンレス針金の先を曲げ、そこに原料食品を引っかけ、残りの端を同じく曲げ、金網にしっかりつるします。このとき、食品がチップから二〜三センチ離れるように調整します。

④電熱器で食品をつるしたパーコレーターを加熱します。最初は蒸気が出ますが、しばらくすると白煙になります。そのとき、煙が外に出ないようにアルミホイルでパーコレーターの口を覆います。内部が白煙で充満するように電熱器を調整し、一〇分ほどすれば食品の表面の色が変化します。チーズだと一様にキツネ色になります。これで、できあがりです。なお、完全にチップを焦がさないで少し不燃焼のものが残っているようにするのがコツです。完全に焦がすと汚れがこびり付いて、洗うのが大変だからです。

さて、パーコレーターでできた燻製品の味を試食してみましょう（口絵②）。表3に示したようにそれぞれ一長一短があります。クルミは魚介類に向いて、リンゴはベーコンやサケにあいます。さらにブナは淡泊な素材に向いて、サクラは香りが強いので肉類にあいます。いろいろな工夫と知恵で、家庭でも簡単に燻製品がつくれて楽しめることは、生活を快適で豊かなものにしてくれるでしょう。つくる喜びもありますね。

表 3　燻製品の種類

木　屑（チップ）	チーズ	ウズラの　卵	ベーコン	ハム	ニワトリの 枝 肉	ベニザケ	スルメイ　カ
クルミ		◎	○			○	
リンゴ	○		◎	○	○	◎	
ブ　ナ	◎	○					◎
サクラ				◎	◎		○

◎：最適　○：適している

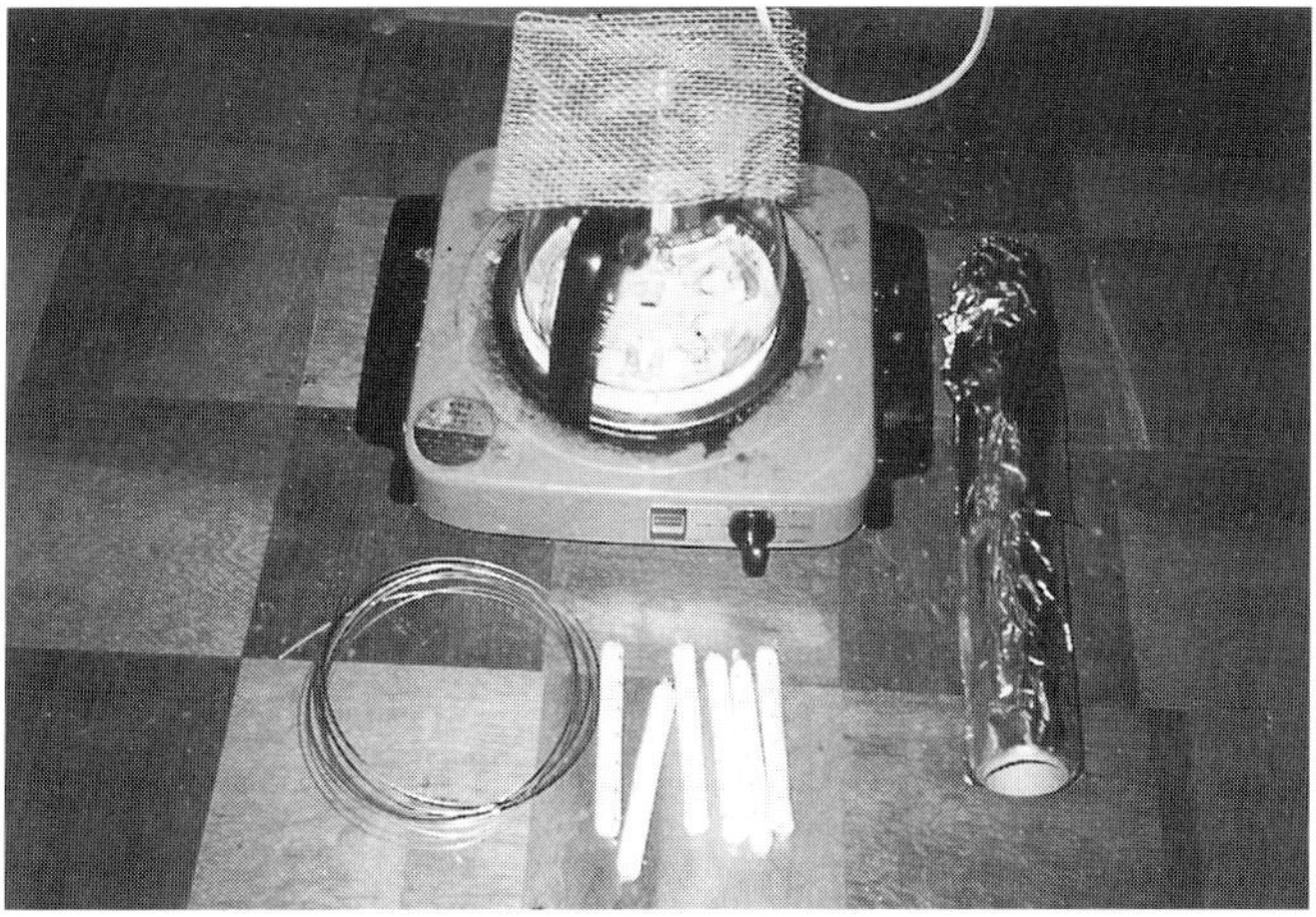

写真45　用意するもの．パーコレーター，小さな金網，ステンレス針金，アルミホイル，電熱器，いろいろな食材，各種木屑（チップ）

写真46　パーコレーターの中にチップを深さ１センチ程度に敷き，ステンレス針金でひっかけた食材をつるし，金網に固定する

写真47　電熱器で加熱し，白煙が発生し始めたらアルミホイルで口を覆う

⑨ 家庭で簡単にできる生ゴミ処理法を教えてください。

家庭から毎日出てくる生ゴミは、鼻をつく異臭はもとより、虫もわいて衛生面でも問題がありますね。また、屋外に置くと、カラスや犬などが散らかし、後片づけが大変です。そこで今回は、家庭で簡単にできる「生ゴミの分解処理法」を考えてみましょう。

生ゴミが分解するということはどういうことでしょうか。例えば漬け物でもおいしくなる場合と、腐ってしまう場合があります。これは、微生物の働きで有機物を分解するのですが、この微生物が問題なのです。「悪玉微生物」だと物が腐り、ウジがわく現象も見られます。ところが「善玉微生物」だと悪臭を発するどころか実にスムーズに分解が行われます。いわゆる「発酵」という現象です。

わが国では、古来から発酵が盛んでした。高温多湿という気候条件にもよりますが、清酒、味噌、醤油などが良い例です。家庭では、漬け物が身近な発酵例です。これには「乳酸菌」が役割を果たしています。少し酸っぱいですが、適度に良い香りがし、しかも健康に良いという理想の食べ物をつくります。乳酸菌は空気が好きですから、ぬか床をときどきかき混ぜて酸素を入れてやることが必要です。一日一回、手でまんべんなくかき混ぜてやれば決して腐敗することなく、ぬか床の乳酸菌は生き生きと繁殖してきます。悪玉微生物の入り込む余地はありません。しかし、何日もぬか床に空気を入れずに放置しておくと、乳酸菌は死滅し、その代わりに腐敗菌が増殖して漬け物は腐ってしまいます。ときどき、何代にもわたってぬか床を管理し手入れして、守り続けた主婦の話を耳にしますが、これはまさにその家の宝物ですね。並大抵の努力では維持できないことです。

善玉微生物として一番良いのは光合成菌ですが、これは生育が難しい菌です。適度な温度と光と栄養がないと繁殖しません。とにかく家庭にある微生物で「家庭の生ゴミを分解してみよう」というのが今回のテーマです。悪臭も出さずに分解し、最終的には肥料になれば、それこそ理想的です。

その善玉微生物としては、まず、納豆菌があります。納豆菌は、自然の稲わらに付いていますが、煮た大豆の表面で増殖します。市販の納豆は、密閉されていません。納豆菌は、好気性だからです。そして、その間は悪玉微生物を寄せつけません。これに似た善玉微生物としては、ぬか床、ヨーグルト、ヤクルトなどがあります。これらを利用して生ゴミ(野菜、果物、魚、肉など)を分解してみましょう。

土の上に適当な大きさのプラスチックのバケツを逆さまにして置き、その中に毎日出る生ゴミと一緒に納豆、ヨーグルト、ヤクルト、ぬか床を生ゴミの量に対し約一パーセント入れるだけで良いのです。生ゴミの種類、温度、量にもよりますが、微生物が生ゴミを水と炭酸ガスに少しずつ分解し、夏だと約一週間、冬でも約三週間で優秀な肥料堆肥に変えてくれます。高価な光合成菌など使わなくても簡単に処理できます。生ゴミが家庭園芸用の肥料になるなんて、何とエコロジーで実利をかねたステキな方法だと思われませんか？　エッ？「家庭菜園でとれた野菜に納豆やぬか床の臭いがしないか」ですって？　何とご冗談のお好きなこと！

写真48　用意するもの．プラスチックのバケツ，納豆，ヨーグルト，ヤクルト，ぬか床，生ゴミ（野菜，果物，魚，肉など）

写真49　微生物を生ゴミに加えバケツの中で混ぜてから，逆さまにひっくり返して土の上に置く

写真50　完成．微生物が生ゴミを水と炭酸ガスに少しずつ分解して数週間で優秀な肥料堆肥となる

写真51　分解された生ゴミは，栄養分が多く含まれており，良質の肥料堆肥として家庭菜園やガーデニングなどに再利用が最適

⑩ 意外！ 塩素系漂白剤で切り花を長持ちさせられるのですか？

植物は、私たちの生活にゆとりを与えてくれると同時に、気持ちをなごませてくれます。とくに花はその役割が広く、誕生日やパーティー、祝事などのときには欠かせません。また、病気のときなどに貰った花束は気持ちを明るくし励ましてくれます。しかし、その花がすぐに枯れたのでは悲しいですね。少しでも長持ちさせるものがあったら、生活にもっとゆとりができるのではないでしょうか。

植物、とくに切り花が枯れるのは「水が腐敗すること」、「水上がりが低下すること」などが原因です。このため昔から水を毎日取り換えたり、切り口を焼いたり切り直したり、木炭を入れたりしてきました。しかし忙しい人は、こんな煩雑なことをする余裕がありません。魔法の「薬液」を一滴、花瓶の中に入れることによって切り花が長持ちしてくれたらどんなに良いことでしょう。そこで今回は、誰にでも簡単にできる「切り花を長持ちさせる方法」をご紹介しましょう。

ヨーロッパでは、古くからガス燈が使われ、そのガス燈の近くでは早く植物が枯れることが知られていました。ガス燈の中に含まれているエチレンが、花を枯れさせる原因であることが、近年、判明しました。

カーネーションやチューリップ、キクやスミレなどの花はエチレンを体内でつくり、これが花の成長を促すと同時に結果として早く枯れさせているのです。ですから、エチレンを除いてやれば、花の老化を防ぎ、切り花を長持ちさせることができます。

そこで、どの家庭にもある漂白剤を使ってみましょう。漂白剤は塩素系のものでなければなりません。これを一滴、花瓶の中に入れるだけで良いのです。それも、一週間に一度で十分です。これが切り花を長持ちさせる魔法の薬となり、花が枯れる原因となるエチレンを吸収してくれます。水は腐敗しなくなり、水上がりは活発になり、切り口の閉塞や腐りも長期間防げます。テスト結果は、表4のとおりで、かなりの効果が見られます。塩素系漂白剤を加えたものが、元気でこんなに長持ちするなんて不思議ですね。ぜひお試しください。

表4 実験結果

観察期間	1日目	5日目	10日目	15日目	20日目	30日目
塩素系漂白剤を加えないもの	変化なし	変化なし	花がしおれる	全体がしおれる	枯れる	枯れる
塩素系漂白剤を加えたもの	変化なし	変化なし	変化なし	変化なし	変化なし	花が落ちる

写真52
用意するもの．塩素系漂白剤，切り花，一方の花びんの中に一滴加える

写真53　5日目，塩素系漂白剤を加えた方(左)と加えていない方(右)，若干の差がでてきた

写真54　10日目，加えていない方(右)が枯れてきているが，加えた方(左)は変化なし

写真55　15日目，加えていない方(右)は枯れてしまったが，加えた方(左)は変化なし

⑪ 猫はミカンが嫌い、困りものの野良猫の撃退にきくって本当ですか?

野良猫に家の周囲に糞尿をされ、ひどい悪臭に悩まされたり、庭を荒らされたり、また、春になると怪しげな声を出しますし、カラスとは仲が悪くてしょっちゅうお互いに鳴き叫んだりと、迷惑に思っている人も多いでしょう。こんな野良猫を家へ入らせないようにするとか、庭を汚させないようにするのに皆様苦労されていますね。ペットボトルに水を入れて並べて置くと近付かないという噂が広まって、実行した人も多いことでしょう。しかし、あまり効果はありませんでしたよね。あれはペットボトルが光って猫が怖がっているのでしょうか。ほかにもまだいろいろ民間の野良猫のシャットアウト法はいわれていますが決定的なものはありません。

猫の大好物はマタタビと鰹節と相場が決まっていますが、とくにマタタビは、猫にとって一種の媚薬で、我を忘れて「よだれ」を出し有頂天になってしまいます。この逆のものがあると面白いですね。実は、猫はミカンが苦手なのです。これは、偶然に猫の行動からわかったのです。

可愛い猫を長年大事に飼っている家でのことです。ある冬の夜、夕食後に家庭でコタツを囲んで雑談しながらミカンを食べ始めると猫が部屋からいなくなるというのです。ミカンの皮をむき始めると決まったように部屋から出ていくのを不思議に思った子供が、試しにミカンの汁を猫の顔にかけてみた。するとその猫は跳び上がり、すっ飛んで逃げていってしまったそうです。そんなひょんなことから、猫はミカンの香りが嫌いだということがわかったのです。ミカンを代表とする柑橘類には種類が多いですね。オレンジ、レモン、ネーブル、グレープフルーツ、ハッサク、ユズなどがありますが一番効果があるのはやはり香りの強いレモン系でしょう。しかし、ただレモンの皮をそのまま置くのは少々汚いし、カビも生え、効果も長続きしないでしょう。そこで、効果的な方法を紹介しましょう。

まず、レモンやミカンなどの柑橘類の果物の皮からジューサーで搾り汁をとります。これを液体洗濯ノリ(ポリビニルアルコール一〇パーセント水溶液)に適量溶かします。そして、これにホウ砂水溶液をごくわずか加えて混ぜると瞬間に固まって、ちょうど柔らかいスライム状のボールになります。このボールを適当な紙コップやプラスチック容器に入れておくと、水分と一緒に香りが徐々に発散して効果を示すのです。しかも、きれいな容器に入れておけばどこに置いても見苦しくないし、野良猫は一切近付きません。コップ程度

写真56　用意するもの．ジューサー，レモンやミカンの皮など，液状洗濯ノリ，ホウ砂水溶液，適当な容器

の大きさでは数ヵ月香りを出し続けます。一応、野良猫対策は安心ですね。でも飼い猫にはかわいそうですから置き場所を考える必要があるでしょう。

エッ！「これを玄関に置くと、黒ネコヤマトの宅急便が来られないんじゃないか」ですって？　そうですね、だったらマタタビを別の容器に入れて置きましょうか。宅配が早くなるかもしれませんよ！

写真57　液状洗濯ノリにジューサーで搾ったレモンやミカンの汁を入れ，これにかき混ぜながら少量のホウ砂水溶液を加えると瞬間に固まって柔らかいスライム状になる

写真58　これを適当な容器に移し代え，野良猫の出没しそうな所に置く

⑫ 伊勢神宮の「御塩づくり」の塩はたいへん身体に良いそうですね。家庭でもできるミネラル豊富で健康に良い自家製天然塩のつくり方を教えてください。

長年蓄積された経験値が優れた成分の塩を生み出すといえますね。伊勢神宮では、古来の伝統として、祭りやさまざまな神事に際してお供えする米や野菜をすべて自給してきたといいます。とくにお供えとしてだけでなく、お清めにも使われる塩は、とても重要なものとして扱われてきたそうです。

御塩づくりには、淡水と海水が混ざり合うちょうど良い地点(これは山から流れ出るミネラルと海水に含まれるミネラルを、うまい具合に両方取り込もうとする知恵なのです)を、現代でこそ科学的分析によって知ることができますが、そんな分析をしなくても、最も良い濃度のミネラルを豊富に含んだ塩水を採取できる地点を知っていた、いにしえの人々の能力の高さには、ただただ畏敬の念を抱くばかりです。

一昼夜炊き続けられる釜、御塩づくりは、カマドの熱さとの戦いといえるでしょう。塩を数時間煮詰めていくと、その間表面に浮いてくる泡を取り除いたり、釜の底に塩の結晶が焼き付かないようにかき回したりと一瞬たりとも目が離せないのです。そうして、いよいよ水分がなくなり塩の結晶ができると「塩場」と呼ばれる木ぐわですくい、「塩ふね」という居出し場に移して苦汁《にがり》をきり、一工程が終了します。伊勢神宮では、この一回の工程で約二〇リットル前後の荒塩がとれるといいます。

さて、御塩焼固《みしおやきがため》は、まず神聖な火を得る火鑽《ど》りから始まるのです。神宮の関係者の方は、次のようにいわれています。

「昔はね、できあがった御塩でも今の荒塩のように灰色というか、黒っぽい色をしておったんですよ。でも、神様に捧げるものがこんな黒いのじゃまずいだろうと私は思いましてね。なんとか白い御塩をつくろうといろいろ考え、試行錯誤したんですよ。それで何回かやっているうちに、今みたいに白っぽい色をした御塩をつくることができるようになったわけです」。

自然と人間の知恵の調和、それで初めて御塩は完成するのです。御塩焼固は、まず荒塩を詰めて型にして、これを釜の中で一昼夜かけて炊き続けると、翌朝に堅塩となって焼き固められた御塩が完成するのです。

「手引きには、荒塩の面が直接火に当たらないように、と書いてあるのですが、そうすると黒くすすけた御塩ができてしまう。それで逆に、荒塩の出ている面を火の方に向けて置いたら、できあがりがだんだん白くなってきました」

本当の知恵との調和ですね。

この塩は、伊勢神宮の近くの人々に変化をもたらしました。「検査が必要かと思うほど体調が悪かったのに、すっかり体が楽になった」。また、ある人は「いらついて乱暴だったうちの子が、あるときから優しい言葉をかけてくれるようになった」などなどです。

「ミネラルは〝気〟なんです。海水に含まれるミネラル分が、人間の〝気〟を引き出してくれます。だから自然塩を使っていると、だんだん元気になってきます。何事にもやる気が出てくるんです。生活習慣からおこる病気や精神的に不安定な人が増えていますが、きっとこれはミネラルをはじめとした栄養不足なんです。自然の塩はむしろ摂取すべきです。ミネラル豊富な塩は、体の中を中和させる作用をもっているのですから。この塩をいろいろな人に使ってもらいたいと願っています」。

では、早速つくってみましょう。

①山から流れ出る淡水のミネラルと海水に含まれるミネラルをうまい具合に両方が混ざりあった塩水を採取します(淡水と海水の混ざり合うちょうど良い地点で)。

②広い大型の容器に熱帯魚飼育用の砂利を敷き詰め、その上から塩水を注ぎ、直接日

光下でときどき砂をかき混ぜながら水分を蒸発させます。数日で半分になります。

③この砂に新たな塩水を注いで(塩をおそう)、ミネラル分濃度の高い液体を得ます。

④ステンレス製の底の浅い鍋に、この塩水を入れてゆっくり煮詰めます。

⑤塩の結晶ができ始めるので、底に焼き付かないようにかき回します。

⑥網の上にナイロンストッキングを広げたものを置き、半固体の塩を乗せて余分な苦汁をきります。天然塩のできあがりですが、黒っぽい色なので白い塩にするためには焼塩にします。

⑦火にかけてたき続けると、焼き固められた御塩ができますが、このとき荒塩が直接炎に当たるようにするとだんだん白くなり完成です。

伊勢神宮の御塩づくりの方法ですから、神聖に扱ってくださいね。ナメクジなんかに与えてはダメですよ。

(参照資料:伊勢神宮の御塩づくり)

写真59　用意するもの．海水，砂，大型の容器，ステンレス片手なべ，ナイロンストッキング，ザル

写真60　大型の容器に塩水と砂を入れ，直射日光下でかき混ぜ，数日置いて水分を蒸発させる

写真61　写真60の砂利と塩水をザルを用いて片手なべへこし，さらにその砂利の上に新たな海水を注ぎ，濃い塩水を得る

写真62　片手なべでゆっくり煮詰める

写真63　ナイロンストッキングで苦汁をきってから，さらに水分を蒸発させると天然塩ができる

写真64　荒塩を固めたものに直接炎を当てると白い伊勢神宮の御塩ができる

⑬ 杉で杉アレルギーが解消できるって本当ですか？

アレルギーで悩んだり困っている人はたくさんいらっしゃいますね。アレルギーにもいろいろ種類があります。その中でも、一番の悩みは春先に必ずやってくる杉花粉によるものでしょう。涙が出たり、鼻水やくしゃみで夜も安眠できず、健康に支障が出て正常な生活ができないことになります。外国では、ヘイ・フィーバーともいっています。枯草熱とでも訳すのでしょうか、今、日本では十人に一人が悩んでいるともいわれています。

では、アレルギーとはいったいどんなもので、どんな対策があるのでしょうか。一般には、種々の物質の摂取により抗体を産出するための生体の反応状態が変わり、その物質に対して異常に過敏な反応を呈することです。つまり過敏症状なのです。その原因となる物質をアレルゲンといいます。対策としては、マスクをしたり、眼鏡をかけたり、手洗いを実行したり、衣服を取り代えたりの一時しのぎしかないのです。つまり、原因物質を遠ざけるだけです。

そこで、逆転の発想を試みてみましょう。杉から抽出したエキスで杉アレルギーを払拭しょうというのです。「ホントか」ですって？　では、実際につくってみましょう。

まず、山へ行って杉の葉の付いた小枝を探してきます。これを葉と枝と一緒に小さく切ります。梅酒のビンの中に小さく切った葉の付いた枝をホワイトリカーで枝が隠れる程度に入れます。次いで、米コウジを杉の枝の重さの一パーセント程度加え、そのまま一ヵ月ほど涼しくて暗い所に置きます。米コウジが杉のエキスを取り出してくれるのです。一ヵ月もすると、ホワイトリカーが黄色を帯びてきます。杉のエキスがアルコールに抽出されたのです。布巾でろ過をすれば澄んで淡い黄色の液体ができます。アルコール分は、約三〇パーセントですから腐敗することはありません。これで、杉アレルギーに有効な杉エキス液ができたのです。「何だか恐い」って？　そうですね、「毒をもって毒を制す」のたとえどおり、この中にはアレルギーを引き起こす物質がたくさん含まれています。

でも、早めに試してみましょう。化学毒物は入っていませんから、一応これを水で薄めてうがいをしてみましょうか。また、そのままスプレー容器に入れて室内や身体にスプレーしてみますか。さらに、少し飲んでみますか。ただ、アルコール分が強いですから二〇才未満はダメですよ。いろいろなことを考えてみましょう。風呂に入れてみる。化粧水の代わりに使う。二〜三週間続けてみましょう。いろいろな効果みられるはずです。例えば、

①入浴剤にすると身体がポカポカと暖まります。
②皮膚に付けるとＵＶカット効果があり肌にやさしいものです。
③血流を良くして、肩こりがやわらぎます。
④殺菌作用があり、清潔に保ちます。
⑤病気にかかりにくい体力がつきます。

ええ！「今年は、このおかげでアレルギーにならなかった」って！　それはおめでとうございます。良かったですね。きっと、医学的にも体内でアレルゲン分解促進因子ができていることが証明されるはずです。たまには、役に立つ言い伝えもありますね。「いつも役に立っている」って！　これは失礼。

写真65　用意するもの．葉のついた杉の小枝，梅酒ビン，ホワイトリカー，米コウジ，布巾，スプレー容器

写真66　杉の小枝を切ってホワイトリカーと一緒に梅酒ビン入れ，米コウジを加える

写真67　冷暗所で放置

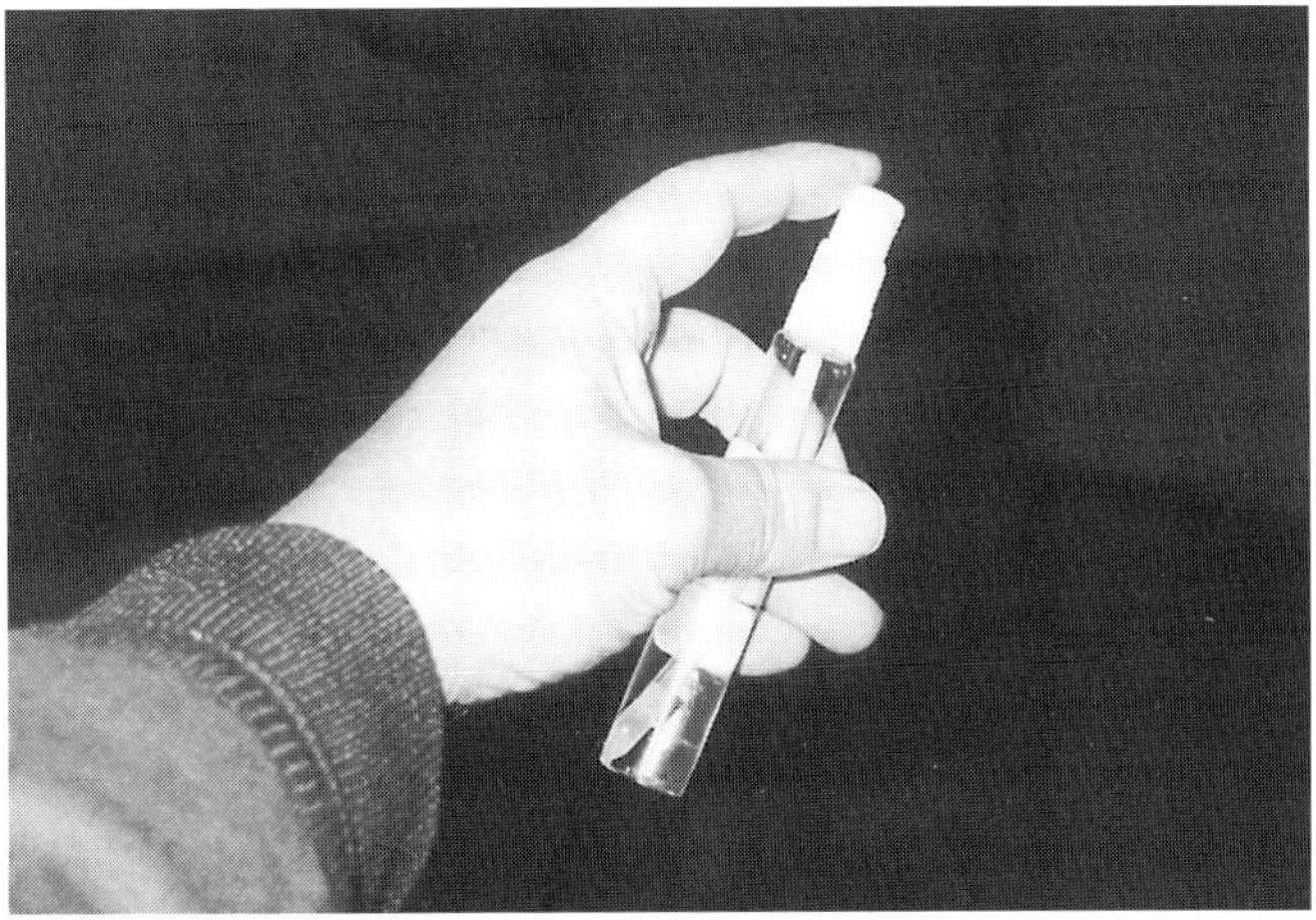

写真68　スプレー容器に入れて使用

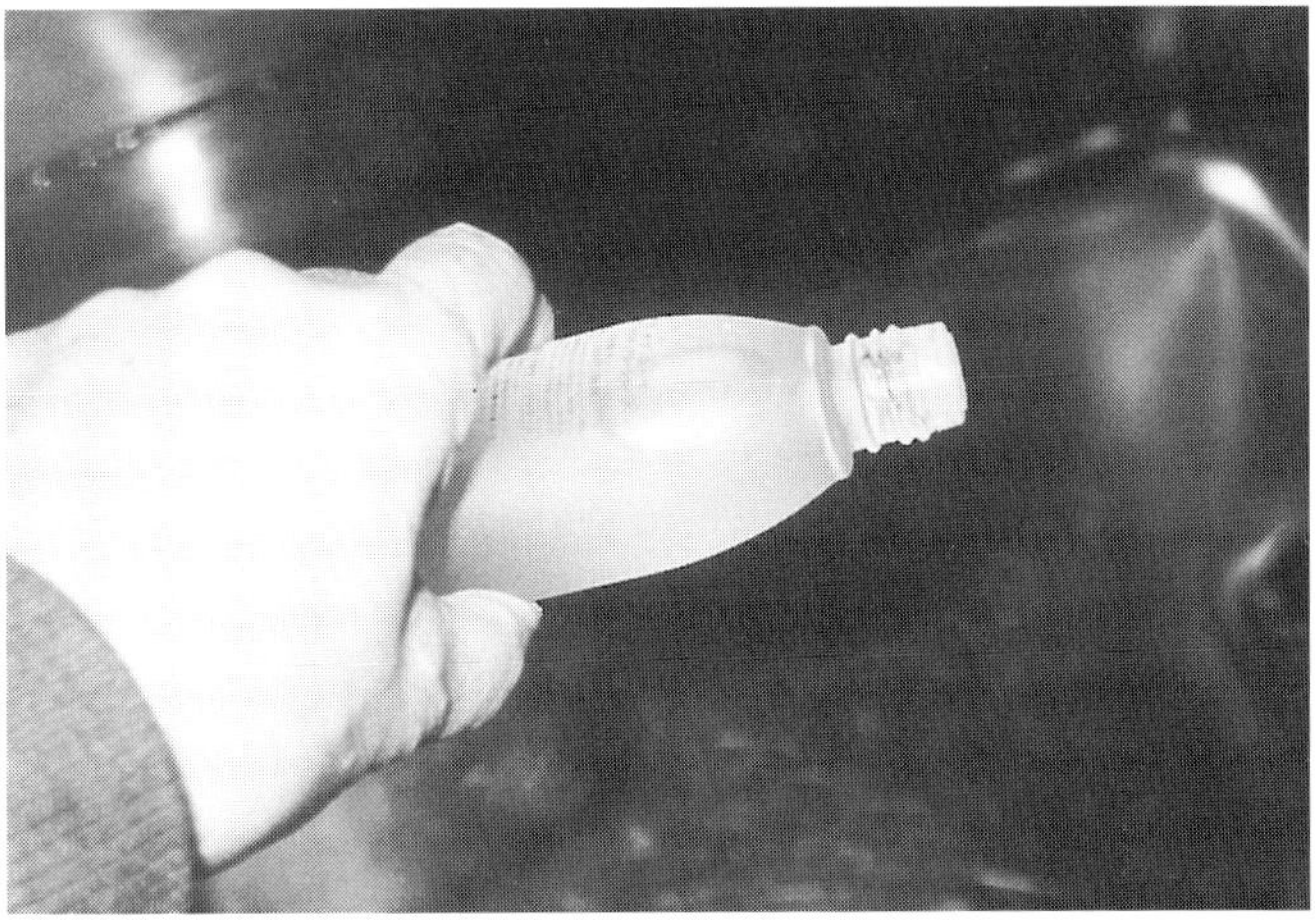

写真69　風呂に入れてみる

⑭ エッ！ 化繊の下着を着ていると骨粗鬆症になりやすいって本当ですか？

ええ、本当です。でも、絹や綿は大丈夫です。小さいとき、下敷きを化繊の服でこすって頭に近付けると髪の毛が立ち上がって下敷きに吸い寄せられる経験は誰でもありますね。あれは、下敷きと服の摩擦によって下敷きが電気を帯びたために、髪の毛が引き寄せられるのです。つまり、下敷きのような化繊の下着と身体が擦れあって摩擦するとお互いに電気を帯びやすくなるのです。これを静電気といいます。この摩擦とは、化繊の下着を着けて動き回ることですよね。通常は、身体に帯びた電気はすぐに放電されますが、絨毯の上を歩くとか冬の乾燥した時期には電気は身体にたまります。ですから、ホテルの絨毯を歩いて鍵穴にキーを差し込むとき、バチッと火花が出ることがあるでしょう。また、長靴を履いて冬の寒い日に自動車のドアの鍵をかけると、音がしてびっくりすることもあるでしょう。ときには、何万ボルトにもなることがあります。だから音がするのです。小さな雷と同じことです。あれも人体に電気がたまり、鍵を通して電気が放出されるときに出る音なのです。

人間の身体が電気を帯びるといろいろ悪いことが起こります。その中で一番困ったことは大切なカルシウムが失われてしまうことでしょう。カルシウムがイオンとなって尿や汗と一緒に体内から流出してしまうのです。せっかく摂取したカルシウムも人間の身体が電気を帯びるとカルシウムイオンとなって骨から溶出しカルシウム不足になります。カルシウムは、骨や脳細胞に必要なだけでなく精神安定にも必要です。その中でも恐いのは、骨粗鬆症でしょう。骨が脆くなってすぐ骨折したり転んだりして、最悪の場合は、一生寝たっきりになるかもしれません。

それを防ぐには、カルシウム分の多い食物を摂取すると同時に、静電気をためないことです。人体が静電気を帯びるのは、乾燥しているときや、化繊の下着を肌に着けて動き回ったり、絨毯の上などを放電しにくい靴を履いて歩くことなどです。これでは、いくらカルシウムを摂取しても身体から逃げていって結局、骨粗鬆症を引き起こしやすい体質になってしまいます。では、その対策をいくつか述べましょう。

①なるべく化繊の下着を使用しない。どうしても必要なときは、帯電防止剤で最後に洗濯しましょう。下着を着けるとき身体にまとわり付くようなのはやめた方が良いでしょう。

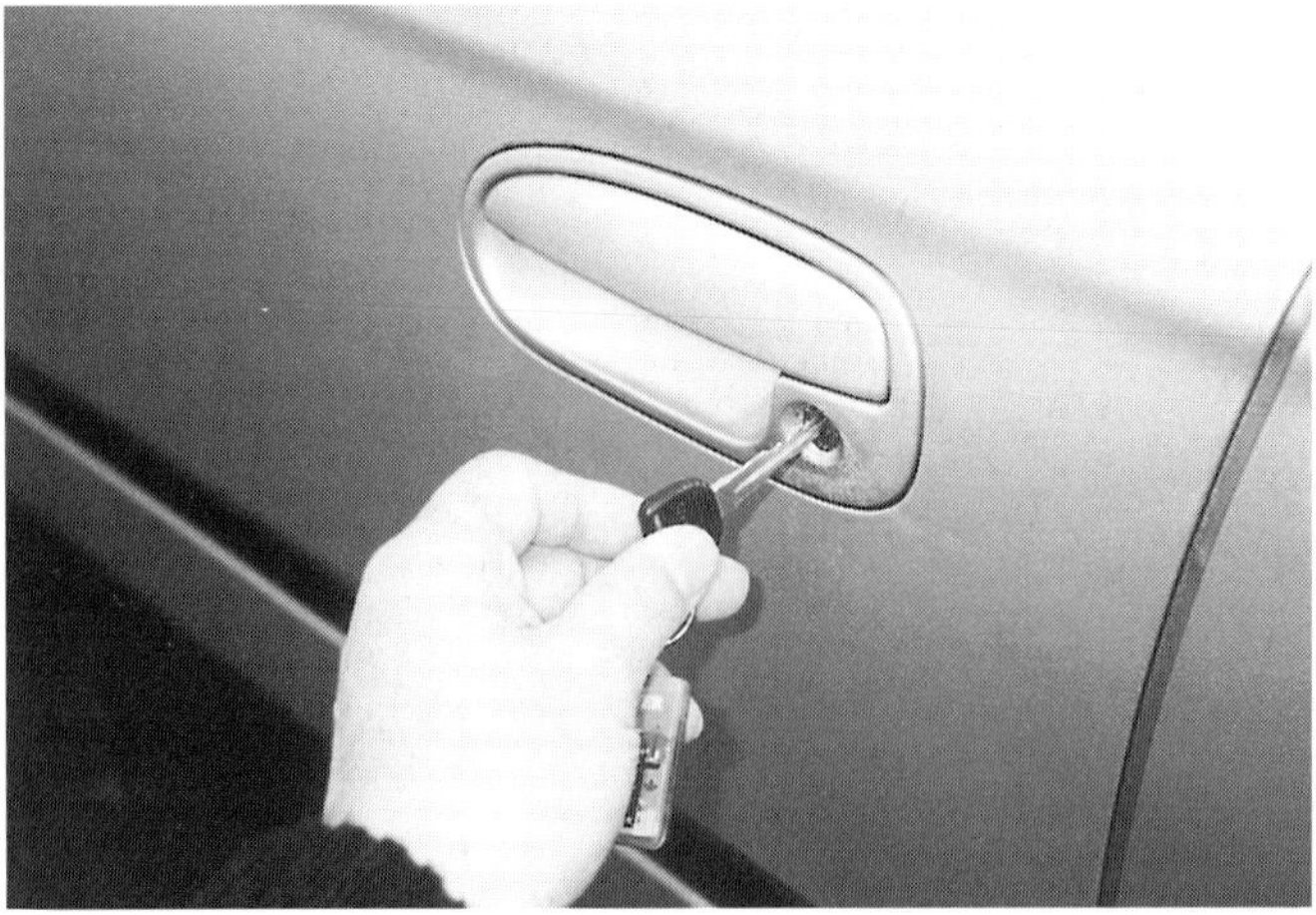

写真70　火花が出て音がすることがある

②室内は、適度な湿度を与えて、電気がたまるのを防ぐことです。
③絨毯の上や、分厚いスリッパなどを履いて動き回らないことも大切です。
④ときどき、金属類など電気を通しやすいものに触れることです。

これだけの注意でもカルシウムの流出はかなり防げます。そのうえカルシウムの多いものを摂取していれば骨粗鬆症の心配はいりません。カルシウムが多いと精神が安定して家庭円満になります。

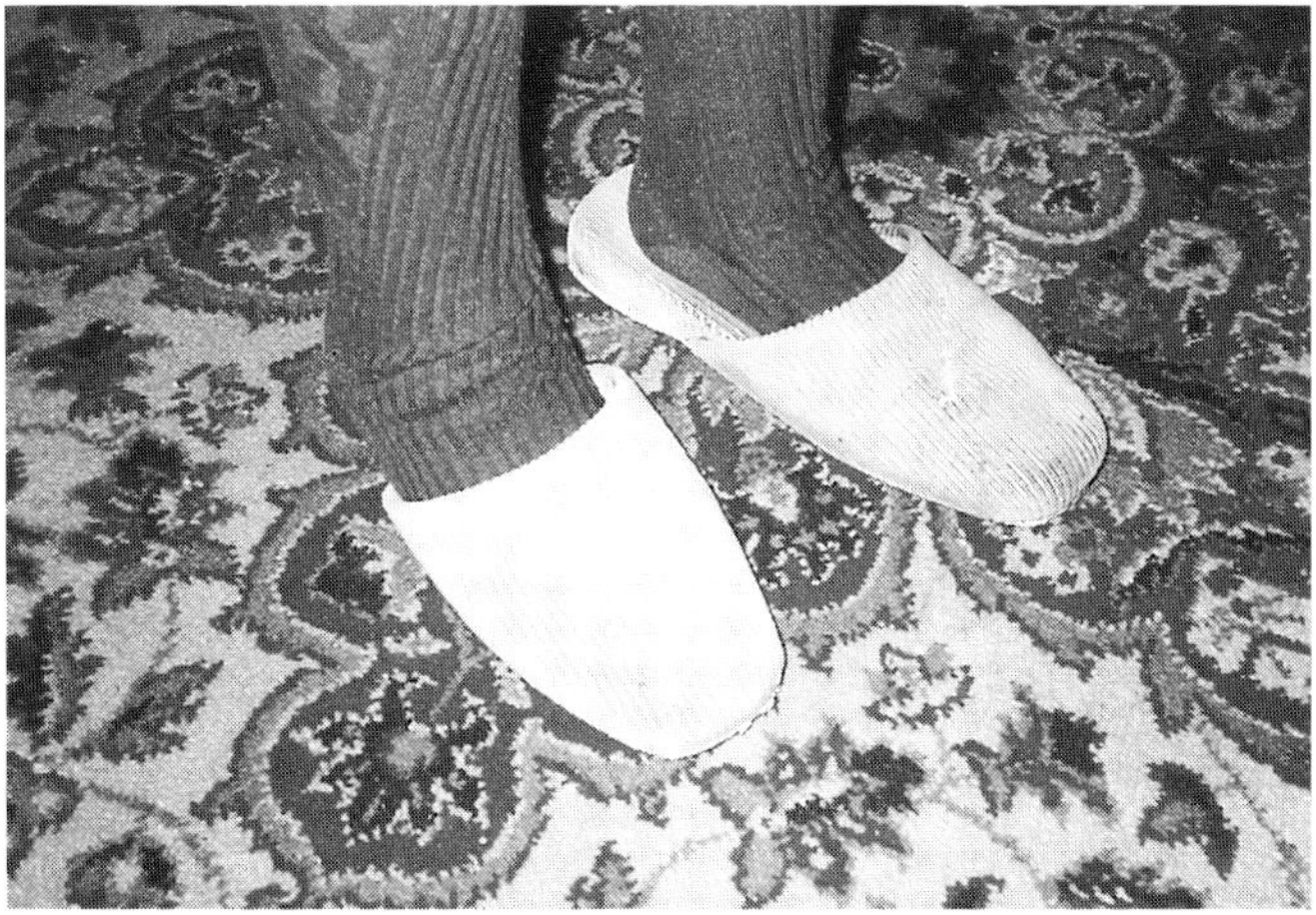

写真71　絨毯の上を放電しにくい履き物で歩き回るのはダメ

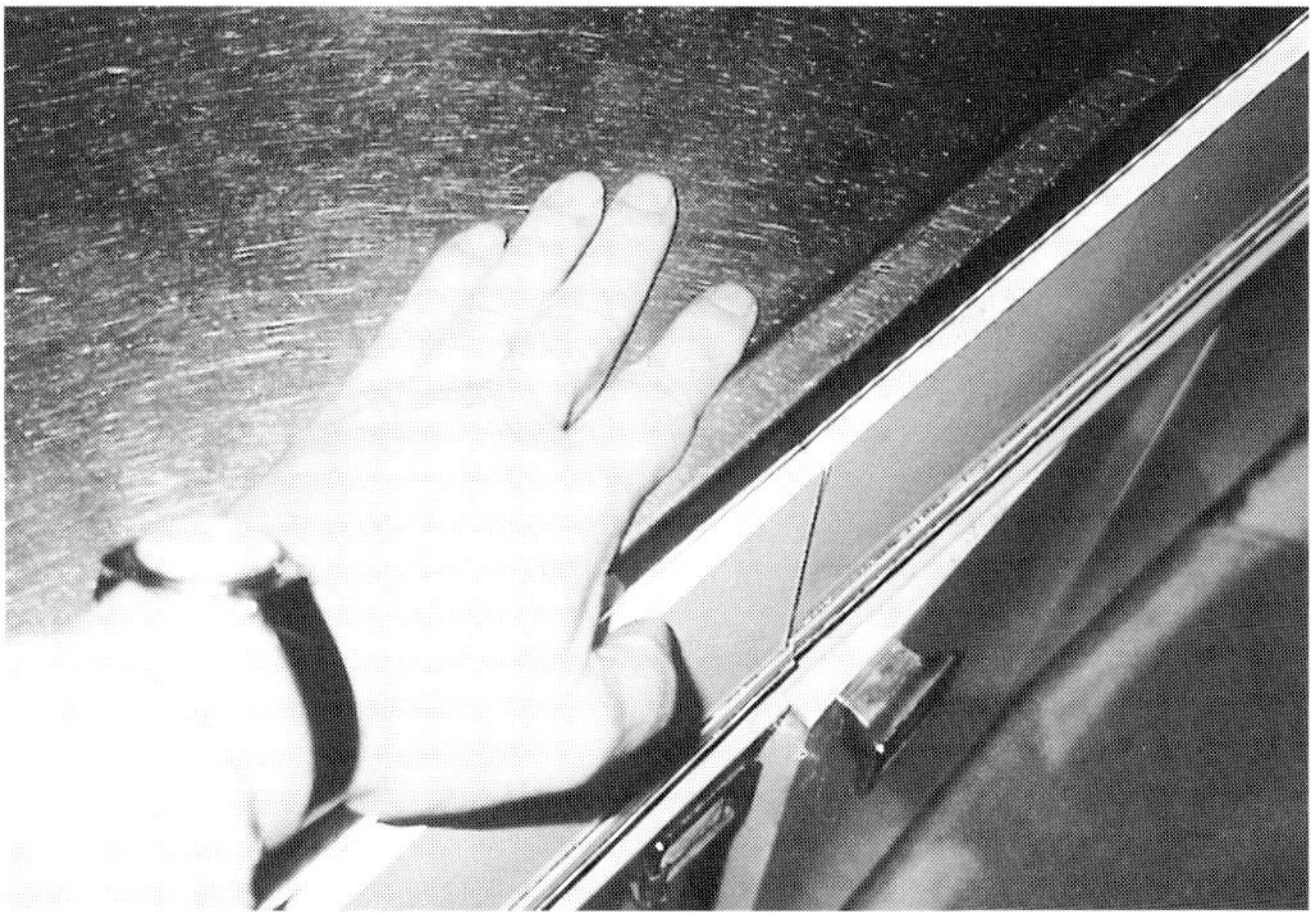

写真72　ときどき，金属に触れ放電しましょう

⑮ ラン藻が繁殖した土壌から、おいしくて栄養分の高い作物ができると聞きましたが、不思議ですね？

ええ、おいしくて栄養価の高いお米や野菜、果物が収穫できますよ。ラン藻とは、シアノバクテリアともいい、藻類ではなくて原核生物というクロレラに近い微生物です（口絵③）。ラン藻は今から三六億年も前から地球に生息し、最初に地球に出現した生物ともいわれています。当時の地球は、まだ活動期のため、酸素は皆無のうえ、火山の噴火による亜硫酸ガス、硫化水素、二酸化炭素などに覆われて高等生物の住める環境ではありませんでした。それがラン藻の出現によって、太陽光と温度により水を酸素に分解してくれたのです。この酸素のおかげで人類をはじめとする生物は地球上で生きていけたのです。ラン藻が繁栄することは、酸素を発生させ、地球環境を良くして動植物が豊かに生きていける源なのです。

植物も同じです。ラン藻の多い土地で作物を育てると、土中に放出された酸素のおかげで、根張りが強くなり、また、ラン藻が分泌する物質は微量元素を根毛から吸収しやすくするのです。したがって、おいしくて栄養価の高い作物ができるのです。

ランン藻を繁殖させるには、住みやすい環境づくりをしてやることが必要です。ラン藻は、もともと海から発生しましたから、海底の泥に含まれているような各種の微量元素と堆肥などの餌、太陽光と温度だけで繁茂します。繁殖すると盛んに酸素を出し、紅色になります。紅海の色はラン藻の繁茂した色なんですよ。

そこで実際に行うには、家庭園芸では微量元素を含んだ黒ボク土と堆肥を混ぜて、消石灰でpHを調整してやればラン藻は喜んで繁殖します。黒ボク土と堆肥を一対一でよく混合して、土に数パーセント鋤き込んでから、消石灰でpHが九～一〇程度に調整すれば良いでしょう。いろいろな作物をつくってみましょう。トマト、大根、レタス、ナス、ピーマン、カボチャ、さらにミカン、梨、柿などの根元にラン藻の繁殖した土を与えてやれば、栄養たっぷりのおいしい作物がとれます。もし、水田があれば、おいしいお米が収穫できますよ。一般にラン藻で育てたものは、根張りが良好で色つやも良く、生き生きとした栄養価の高い、かつ微量元素の多いおいしいものなのです。アレルギーに効果があるという症例も報告され始めて注目されつつあります。化学肥料や農薬など一切使用しない自然食品だからでしょう。それらの役割をラン藻が代行してくれるのです。自然の妙といおうか、共生といおうか不思議ですね。ただ、水を十分に与えて太陽光いっぱいの温度の高い所でやることを忘れないでくださいね。

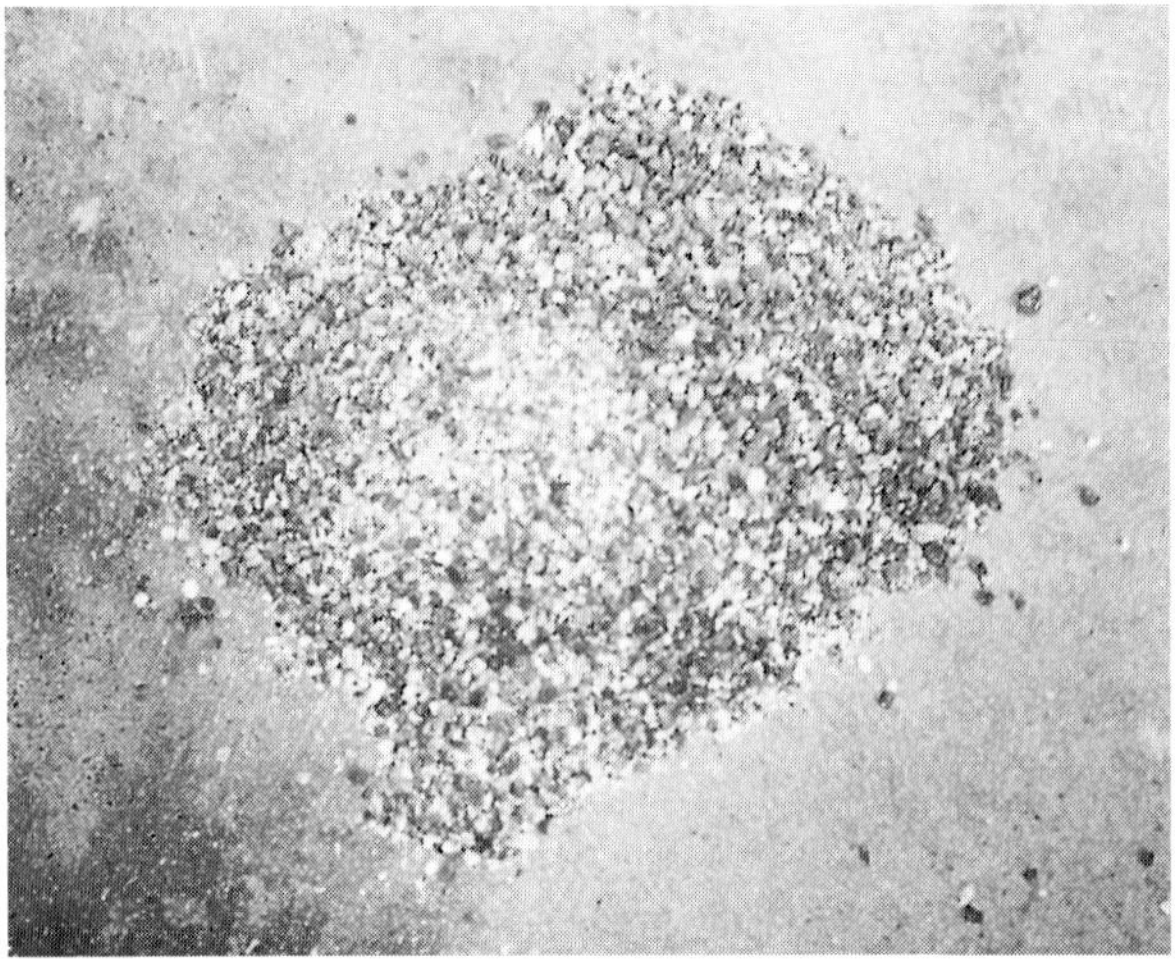

写真73　ラン藻繁殖用堆肥

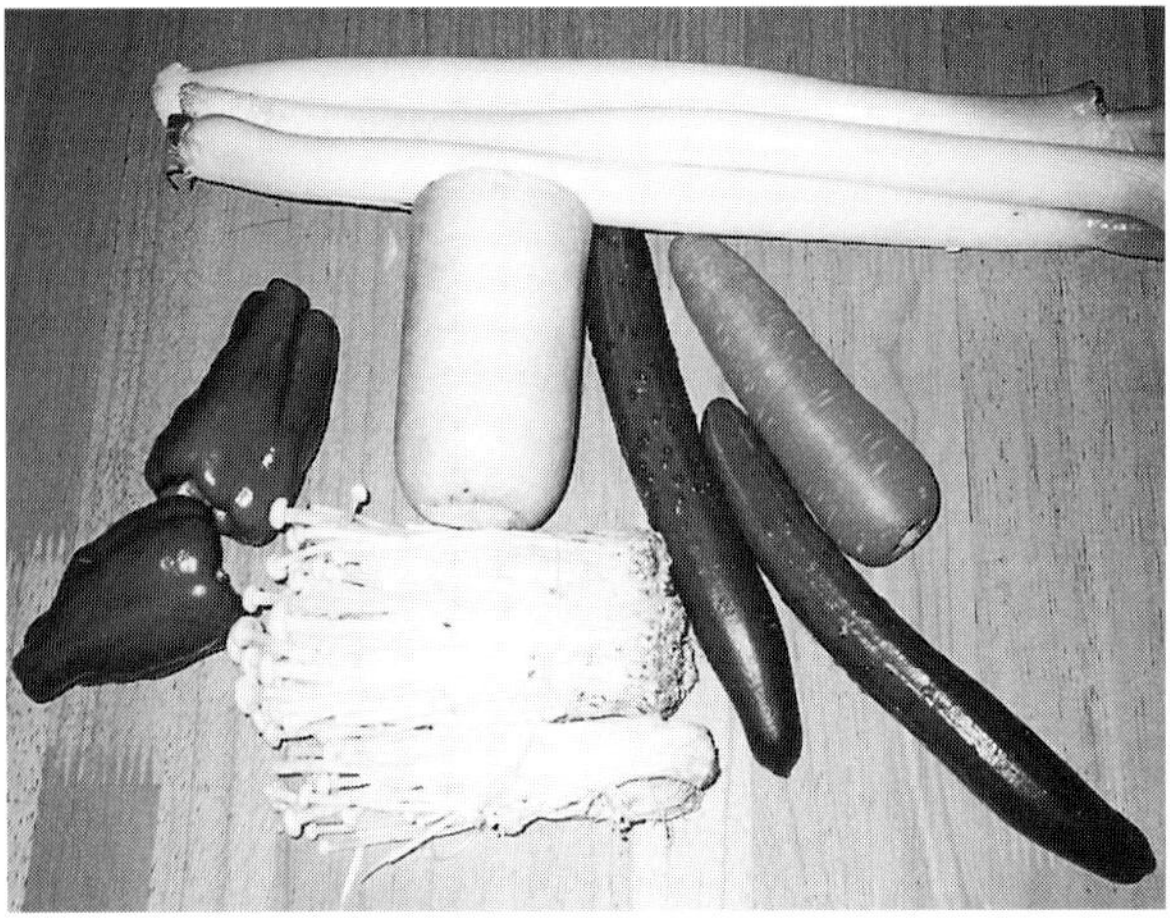

写真74　ラン藻繁殖下で収穫した作物

⑯ ロウソクの炎の色ってどれも同じと思っていたのですが、赤、青、緑などの色も出せるのですね。これは炎色反応を利用したものですか?

ええ、そうです。ロウソクの炎の色はロウの燃えた色、つまり炭素の炎色反応といってもいいですね。ロウソクのロウは、太古は蜜ロウ、中世になって動物の脂、近世になってからは石油の固形分で、これが白い西洋ロウソクです。でも成分は、似たりよったりで、炭素化合物で、溶ける温度が七〇~八〇℃くらいです。これぐらいで溶ける温度がロウソクの炎が大きくよく燃えて、しかも安定でロウソクの材料としては良いのです。

ある種の金属化合物は、炎の中に入れて熱すると炎がその物質固有の色を出します。これを炎色反応といいますが、この色は金属に特有な色なのです。花火の色もそうですね。原理は、熱によって高いエネルギー状態になった金属原子が元に戻るときに発するエネルギーが色となって現れるのです。通常は、金属塩を塩酸に浸し、炎で焼いた清浄な白金線の先に付けて、バーナーの酸化炎の中に入れると発色します。色と実際に使用するものは表5のようです。

簡単に炎の色を楽しもうと思えば、バーナーでなくてもロウソクの中に金属類を入れてもできます。次のようにしたらどうでしょうか。ロウソクの型にするのは、溶ける温度を設定するのが難しいですからガラス容器を使うのが良いでしょう。小さなドリンク剤の容器などちょうど手頃な大きさです。ロウの材料としては、液体では倒れると危険ですから、少なくともゼリー状が望ましいです。しかし、炭素の数があまり多いものを使うと、炭素の炎色反応で炭素の色が強くでてしまいます。炭素の一番少ないものといえば、メタノールですが、これは液体で引火の危険性がありますからゼリー状にする必要があります。いわゆる固形燃料です。机上料理やバーベキューに使うものですよね。これは、メタノールに一〇%ほどの酢酸カルシウムを加えて固形化(ゼリー状)したものです。これに目的の炎の色の金属塩を加えれば、それでOKです。容器に八分目ほど入れ、タコひもを芯の代わりに使えば、もう炎色ロウソクのできあがりです。使用する前には、蓋をしておい

表 5　炎色反応の金属と色

金属名	化合物名	炎の色
リチウム	塩化リチウム	深い紅
ナトリウム	セッケン	黄
カリウム	ヨウ化カリウム	紫
ルビジウム	塩化ルビジウム	深い赤
ストロンチウム	塩化ストロンチウム	深い紅
バリウム	塩化バリウム	黄緑
銅	塩化銅	青
ホウ素	ホウ酸	緑
スズ	塩化スズ	淡い青

て、使うときに芯を入れるのが便利です。これだと倒れても引火しません。通常の容器で約二〇分は特有の炎色を出して燃え続けます。芯を上下すれば炎は大きくも小さくも調節できます。虹のように赤から紫まで自由に色が出せますから、何よりも面白くて楽しいロウソクです(口絵④)。

使いみちはいろいろありますね。誕生パーティー、または赤色の炎のロウソクを囲んで楽しい食事などいかがですか。オバケ屋敷などでは青白い炎を見るとびっくりして効果抜群ですね。もちろん七色のレインボーの炎ですから結婚式にも適しています。キャンドルサービスにも色とりどりの炎があるといっそう式が盛り上がりますよ。

「僕の結婚式にこのロウソクを使ってみたい」って? それは良いですね。ぜひ、良いアイディアを考えてみんなをびっくりさせてください。でも、あんまり実験に熱中して家までは燃やさないでね。

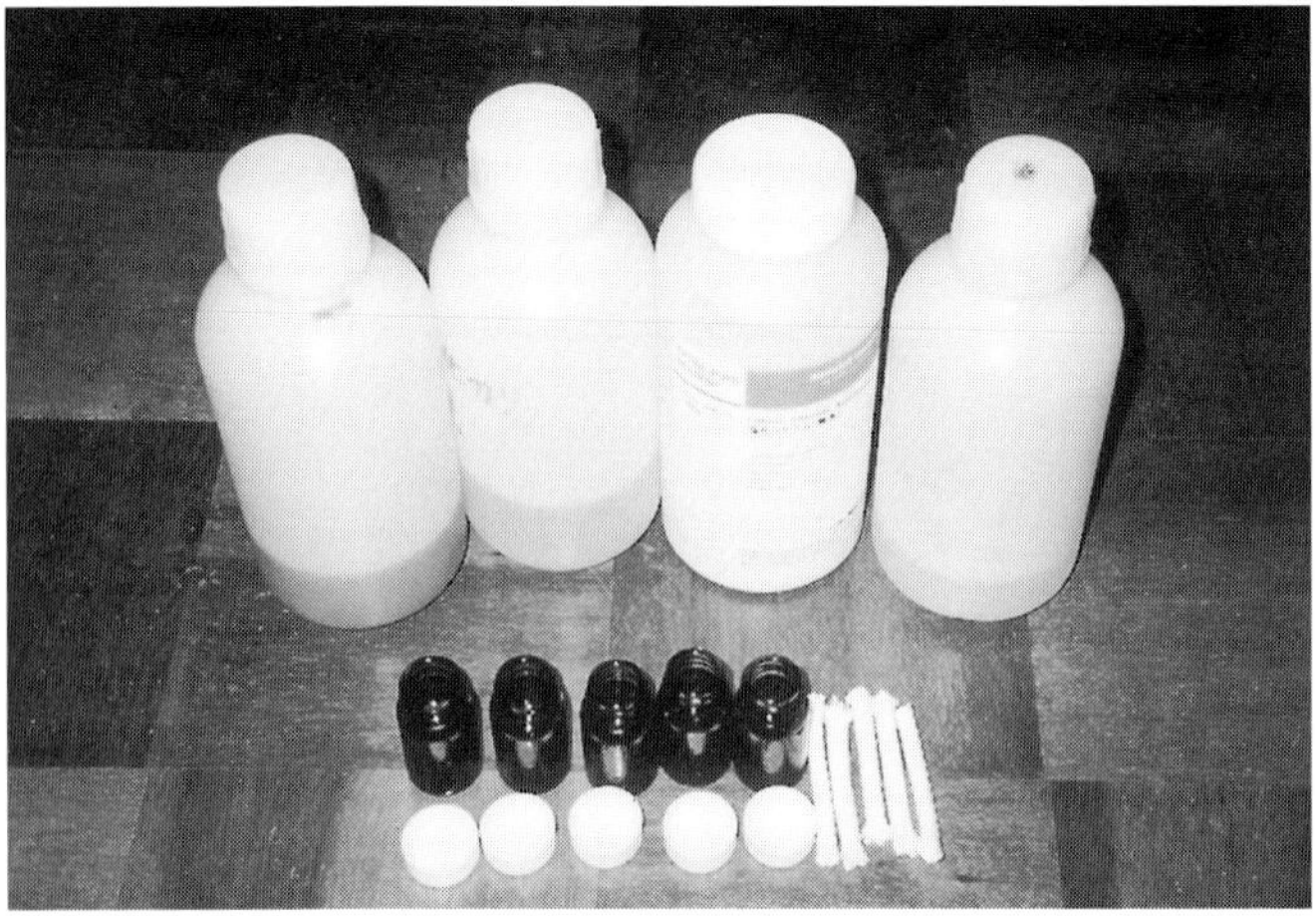

写真75　用意するもの．ドリンク剤用空ビン，メタノール，酢酸カルシウム，各種金属化合物，タコひも

写真76　メタノールと酢酸カルシウムと金属化合物を混合してゼリー状にしてビンの中に入れ，タコひもを入れたら点火

⑰ 台所の調理用油や油煙で汚れたガラスの汚れを簡単に落とせる裏ワザってありますか？

台所の調理場の窓ガラスには、ごま油、大豆油、バター、ラードなどもろもろの油が調理中に窓に飛び散り、固まって、半年も放置しておくとどうにも取れなくなりますね。洗剤で拭いてもなかなか効能書きのようにはきれいにはなりません。油が酸化されて重合して樹脂化してしまったのでしょう。くもりガラスのようになってしまうこともあります。排気ファンの羽根も油分がくっついて困りますが、近頃はあらかじめ樹脂膜を塗っておき油分で汚れたらはがすという便利なものもありますが、窓ガラスではそうもいきません。

また、自動車では、前方を走っている車の油煙がフロントガラスに付着し、しばらく洗車しないでおくと油分が固まって取れなくなります。こんな風になったものは、洗剤入りのシャワーで洗っても跡が残ります。かといって、ナイフで削ることもできません。専用の洗剤でも、新しいものではある程度取れますが、古いものは落ちません。

要するに、油分が固定化したものは、洗剤なんかでは取れないものです。これは、いわゆる樹脂化したものですから、洗剤のような界面活性剤ではどうしようもないのです。もっと積極的に溶解するものが必要です。しかも無害で手近にあり、誰でも使えるものが良いですね。

それには食酢と黒砂糖の組合せが適しています。台所の調理用の油分で汚れて固くなった窓ガラスの掃除には、ぼろ布に食酢と黒砂糖を一対一に混ぜたものを付け、軽く拭いてください。次第に固形の油分が溶け出してきれいになります。油分が食酢と黒砂糖に溶けたのです。ぼろ布は茶色になってきます。食酢が油分の樹脂化したものを溶かし、黒砂糖のショ糖と有機質がさらに溶解力に追い打ちをかけるのです。きれいになったら湿った布で拭いて食酢と黒砂糖の残りを取り除けば問題はありません。

自動車もときどき、前を走っているディーゼル車の油煙やタール分でガラスが汚れてることがあります。それをうっかりそのままにしておくと、取り去るのに一苦労します。フロントガラスならまだしも、ボディならお手上げです。あまり強い薬剤を使うとボディの塗装をはがすこともあります。でも、これも同じように食酢と黒砂糖を三対一に混ぜたものを布に付け、軽くこするとだんだん汚れが取れてきます。

台所にあって、われわれが普段使っているものでこんな簡単に汚れが取れるなんて嬉しいですね。洗剤を使わないエコロジカルな点も良いですね。ただ、よく空拭きして黒砂糖を取っておかないとアリの住み家になりますよ。

写真77　用意するもの．食酢，黒砂糖，ぼろ布

写真78　食酢と黒砂糖をよく混ぜてぼろ布に付けて，ゆっくり拭く

写真79　頑固な油分もとれて，きれいに！

⑱ 冷凍庫でお酒が芳醇になるってどういうことですか？

清酒は、代表的な醸造酒ですが、その中でもアルコール発酵度（アルコール分）は高く、その醸造法は世界の酒の中でも特異的なものです。ただ、アルコール分を二〇パーセント以上にすることは不可能で、蒸留酒のブランデーなどと比べると芳香性は多少劣るかもしれません。しかし、蒸留をすると清酒特有の芳香が失われて焼酎臭くなり、かつエキス分がなくなるためアルコール分とエキス分のバランスが失われ、いわゆる芳醇さがなくなってしまいます。そこで、アルコール分とエキス分のバランスを変化させることなしに、清酒を濃縮することができれば良いわけです。「そんなこと不可能」だって？ いや、それには秘密があるのです。清酒を冷凍することにより清酒中の水分を凍結して取り除けば良いでしょう。

清酒を比較的ゆっくり冷却すると、水分のみが凍結し液体部分には大部分のアルコールとエキス分が凝縮されます。これのコツは、冷却をあまり速くせず、マイナス一五℃程度でゆっくり時間をかけて行うと大きな氷晶ができます。この条件でできた液体部分はアルコール分が三五パーセントでエキス分の濃厚な酒に濃縮されています。この濃縮酒は、いっさい加熱処理をしていませんから、風味は芳醇でそのまま飲用してもきわめてコクのある風味を楽しむことができます。

この芳醇な濃縮酒をつくるには、ボールなどの容器の中に、それより小さい多数の小孔のある容器を入れ、清酒を注ぎ、これを冷凍庫の中で一晩冷却するだけで良いのです。小孔があるために液体は自由に容器の内外を行き来できますが氷晶体は容器の間にシャーベット状になって残ります。そして氷の成長につれて小孔の容器の中はアルコール分とエキス分に富む濃縮酒になるというわけです。清酒が氷結し始めるのは普通マイナス一〇℃前後ですから、あまり冷やしすぎると完全に凍結してしまって濃縮酒はできません。このため、冷凍庫内の温度はマイナス一五℃程度で比較的ゆっくりと氷の結晶を成長させるのが良いのです。品温が低下して氷結点を通過するにつれ、外側の容器の内壁に沿ってシャーベット状に氷晶が出現し、この氷晶は次第に凝集してゆっくりと容器の内部に向かって凍結状態が進行します。アルコール分とエキス分はおそらく氷晶中に液滴の状態で取り込まれますが、氷の成長につれその成長方向に向かって外へ押し出されます。これは、ちょうど海中で氷山や流氷ができるのと同じ理屈です。氷山は、あまり塩辛くないぶんだけ海水は塩分が高くなるわけです。

これは、冷凍庫に入る大きさの容器があれば、すぐとりかかれます。例えば、一リットルの清酒を使ってマイナス一五℃に保たれた冷凍庫で約一〇時間放置すると、容器間の液体はほとんど凍結し、容器内では多数の氷晶が浮遊する粥状になります。そこでその液体をサイフォンなどで汲み出すと芳醇な濃縮酒がつくられているわけです。アルコール分三五パーセント、エキス分の濃厚な凍結酒〇・六リットルができます。香りはフルーツのようで味はこってりしていて、とても清酒とは思えない不思議な飲み物です。原理は「氷山はなぜ塩辛くないの？」の一言ですね。でも、アルコール分が高いわりには口当たりが良いですから、飲み過ぎてひっくり返らないで下さいね。

写真80　用意するもの．ボールとその中に入れる小孔のある容器，清酒，サイフォン，冷凍庫

写真81　ボールに清酒を入れ冷凍庫に入れる

写真82　サイフォンで濃縮酒をとり出す，芳醇な濃縮酒

⑲ 蜜ロウで肌が若々しくなるって本当ですか？　UVカット効果もあるのですね？

ミツバチはその働きバチの腹部の分泌線から分泌されるロウで巣をつくります。この巣を精製したものが蜜ロウです。蜜ロウには女王バチの成長に必要なローヤルゼリー、殺菌力や免疫作用のあるプロポリス、さらに有害な紫外線から身を守るUVカット成分が含まれています。ミツバチには多くの種がありますが、ヨーロッパミツバチと東洋ミツバチの両種が主要で、広く各国でこの両種から蜜ロウが採取されています。我が国では、明治年間にヨーロッパミツバチが輸入飼育され、今日に至っています。

蜜ロウを得るには、蜂の巣を砕いて遠心分離器またはジューサーにかけてハチミツを採取した後、熱湯に入れるとロウは溶けて表面に浮かびます。これを冷えないうちにさらし布などでろ過すれば良いのです。または、ろ過せずに熱湯を加えてロウの融解洗浄を繰り返し、種々の異物を除き融解したロウを適当な大きさの容器に入れ、そのまま静置して固定させても良いのです。でも、蜜ロウは、養蜂業者から入手しましょう。

蜜ロウの色は、原植物の花粉によるものです。淡黄色から褐黄色までさまざまです。品質の良いのは、非結晶性の油性の固体で、室温でややもろく、割ると光沢のない破砕面を見せます。指で揉むと柔らかくなり粘り気を与えます。このようなものを選びましょう。軟化点は六二～六五℃です。

蜜ロウは古く四〇〇〇年の昔、エジプトですでにコールドクリームとして使用されていたという記録があります。クレオパトラも用いていたかもしれませんね。蜜ロウを肌の栄養分として用いて若返らせ、ローヤルゼリーやプロポリスの効果を得て、しかもUVカット効果も利用するには、コールドクリームにして肌をマッサージするのが最も効果があるでしょう。その処方例を紹介しましょう。

A
・蜜ロウ　五〇グラム
・ワセリン　一五グラム
・パラフィン　一〇グラム
・オリーブオイル　八グラム

B
・蒸留水　四五ミリリットル
・石鹸粉末　〇・五グラム

Aに示した油脂分を加熱し完全に溶かし、五〇℃に保っておきます。一方、Bも加熱して五〇℃にしておきます。次いで、Aの油脂分にBの溶液を十分に撹拌しながら加えていけば、温度が降下するに従い次第にドロドロになり、同時に油脂分が乳化して真っ白なクリーム状になります。Bを全部加え終わった後、撹拌を続けて乳化が完全にできたならば、温かいうちに容器に流し込み保存しましょう。AおよびBを加える温度はともに五〇℃が適当ですが、もし蜜ロウをより多くする場合には、混合時の温度をもう少し上げる必要があるでしょう。

この蜜ロウクリームを肌に付けてマッサージすることにより蜜ロウの有効成分は栄養分となり、肌を生き生きとさせ、老廃物を分解し、UVカットにより肌の老化を防ぐ効果があります。男性のひげ剃り後、あかぎれ、しもやけなど、さらにアトピー性皮膚炎にも軽減効果があります。つくる楽しみや面白さもあります。ぜひ試してみましょう。化学薬品を含んでいない自然クリームです。

写真83　用意するもの．蜜ロウ，ワセリン，パラフィン，オリーブオイル，蒸留水，石鹸粉末，電熱器，加熱容器，プラスチックボール，撹拌棒

写真84　撹拌しながら水溶液に油脂分を加えると乳化してクリーム状になる

写真85　温いうちに容器に入れる

⑳ ハタキでホコリをしっかり取る掃除の裏ワザを教えてください。

障子の桟や机の奥、天井の隅のホコリを取る掃除には、昔からハタキを使うのが定番でした。掃除といえば、手拭いをあねさんかぶりにして、前掛けやエプロンをしてやる光景が目に焼きついています。しかし、よく見ると、あれはホコリを部屋中に撒き散らすだけで、ハタキはホコリを付けてはくれないのですね。それよりむしろ、ハタキでたたくと面白いようにホコリが舞い上がり、ハタキから逃げて行ってるように見えます。それはこういうわけです。ハタキでたたくと、ハタキとのこすれで生じた静電気でホコリを反発させ舞い上がらせるのです。通常、ハタキは羽毛、布片などでできていますが、これは障子の桟や机などとこすれると正の電気を帯びます。羽毛や布片などは、正の電気を帯びやすい代表的なものです。ホコリやチリなどは、一般に正の電気を帯びていますから、互いにはじくのは当然なのです。ホコリやチリ以外に、ダニ、煙、花粉など空中に浮かんでいるものは正の電気を帯びています。もし、ハタキが帯電しなければ、ホコリも舞い上がることなく、ハタキにくっついて掃除も少しは楽になったでしょう。

要は摩擦やこすれても、羽毛や布片に静電気が起こらないようにすれば良いのです。これを帯電防止といいます。最近の眼鏡は、ホコリが付かなくなりましたね。あれは、とくに負に帯電しやすいプラスチックの眼鏡の表面に帯電防止の加工をしているからです。同じことを、ハタキにしてやれば、ホコリを舞い上げることなく、落ちたホコリを拭くという二度手間が省けるでしょう。二つのものがこすれると、片方は正、もう片方は負の電気が生じます。

㊣羽毛、布片、金属、ゴム、合成樹脂㊀

例えば、合成樹脂の下敷きを服でこするとホコリを吸い付けるのはよく見ますし、乾いた頭髪をくしですくと、パチパチ音をたてて放電します。また化繊などのシャツを脱ぐとき、身体にシャツが吸い付いたり、真っ暗な部屋で脱げば発光することもあります。これらの帯電現象は、日本では冬季が比較的乾燥していて、生じた電気が長く保たれるので観察しやすいのです。暮れの大掃除も冬場ですから、いっそう目立つのです。

では、ハタキに帯電防止をするにはどうしたら良いのでしょう。一番簡単で手軽なのは、界面活性剤を表面に塗布することです。界面活性剤とは、要するに石鹸のことです。それも、固形の洗濯石鹸が良いですね。例えばハタキを石鹸水に浸し、干して乾いてから使ってみましょう。今までのようにホコリが舞い上がって部屋中がもうもうとなることはないでしょう。ホコリの一部がハタキの表面に付着しています。ハタキが電気を帯びなくなったため、反発しなくなったのです。ある程度ホコリが付いて、汚れが目立つようになったら、水で洗ってホコリを取り、また新しい石鹸水につけ乾かしてから使えば、今までの掃除がずっと楽になります。生活のこんな所まで電気の作用が潜んでいるなんて驚きです。

写真86　用意するもの．はたき，石鹸水の入った容器

写真87　はたきを石鹸水に浸してから乾かす

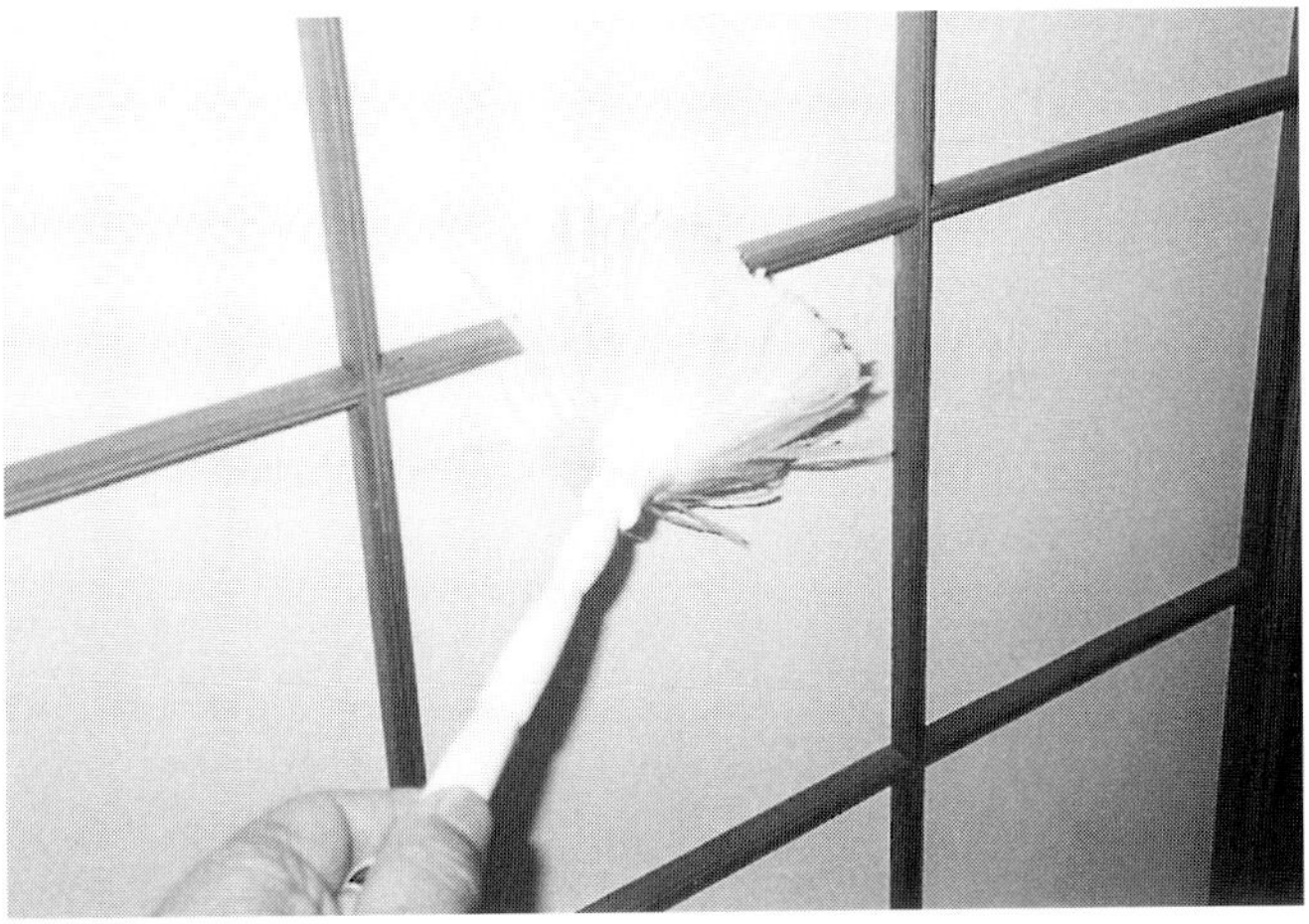

写真88　このはたきを使って掃除をする

㉑ アルコールが簡単に固められるって本当ですか？　燃料用固形アルコールのつくり方を教えてください。

バーベキュー用、登山用、携帯用、ハイキング用に固形燃料があると容器がいらなくて便利です。料理用、暖房用としてもアルコールは燃焼熱が非常に高く、少量で役に立ちます。それに、煙も出ず使いやすいですね。「でも、アルコールを固形にするって簡単にできるのか」ですって？　ええ、できますよ。アルコールに、ある物質の水溶液を加えると、これがアルコールに溶けなければ小さな粒子となって析出して固まってきます。これが固形化の原理なのです。

一般に、溶解度を急激に減少させて非常に多くの微細な粒子を析出させると固形になることがあります。例えば、エタノールに酢酸カルシウムの飽和水溶液を加えて、割り箸でかき回すと酢酸カルシウムの溶解度が急激に減少するために、液全体がただちに固まって固形になります。このとき、アルコールと酢酸カルシウム水溶液はともに少し温めておくと良いでしょう。冷えて固まって固形体になったものを適当な形に切り取って点火するとよく燃えます。これが、いわゆる固形アルコールです。しかし、これをそのままにしておくと、二、三日も経てば液体と固体に分かれてしまいます。分離を防ぐには、あらかじめアルコールに石鹸(界面活性剤)を少量加えておけば固形アルコールの安定性は著しく増し、数ヵ月も安定な固形を保っています。ちなみに、ガソリンでもアルミニウム石鹸を加えると固形化し、これは非常に優秀な固形燃料です。これも溶解度の減少を利用した液体燃料固形化の例です。

では、アルコールから準備しましょう。まずメタノールと九五パーセントエタノール、消毒用アルコールでテストをしましょう。いずれも薬局で手に入ります。酢酸カルシウムも薬局で購入できます。あらかじめ酢酸カルシウムを温水に溶かして飽和溶液をつくっておきましょう。少し酢酸カルシウムが溶け残っている方が飽和溶液としては良いです。

メタノール、九五パーセントエタノール、消毒用アルコールをそれぞれ一〇〇ミリリットル適当な容器に入れ、酢酸カルシウムの飽和水溶液一〇ミリリットルを割り箸でかき混ぜながら加えていきます。数分で固まってきて固形になります。その時間を表にしてみました(表6)。同じものを容器から取り出してアルミニウムホイルの上に置き点火します。橙色の炎をだしてよく燃えます。これからみると、アルコールのような液体でも簡単に固形にできることがわかります。しかも固形になって安全で持運びも楽です。

固まる時間が速いのはエタノールです。また燃焼時間が長いのもエタノールです。この場合、エタノールは少なくとも九〇パーセント以上のものでないと固形化しません。ホワイトリカーや焼酎は三〇～四〇パーセントですから固形にはなりません。これらは燃さず、早く飲むことですね。

表 6　酢酸カルシウムの飽和溶液10ミリリットルを100ミリリットルの各種アルコールに加えて固まる時間と燃焼時間

	メタノール	95％エタノール	消毒用アルコール
固化時間（分）	2.5	2.0	4.0
燃焼時間（分）	8	15	13

写真89　用意するもの．メタノール，95％エタノール，消毒用アルコール，酢酸カルシウム飽和水溶液，容器，割り箸，アルミニウムホイル

写真90　アルコールに酢酸カルシウム水溶液を加えて固形化する

写真91　固形アルコールに点火する

㉒ 玄米を圧力釜なしで、おいしく炊く方法ってありますか？

玄米が数ある食物の中でも栄養的に完全食品であることは誰しも認めています。一粒の種から成長して稲になるのですから、その中には成長に必要なものがバランス良く含まれているわけです。一般的に、種子、卵などは完全食品といって良いでしょう。つまり、一人前になるための栄養素を含んでいる意味では牛乳などもそうかもしれません。しかし、日本民族は長い歴史の中で、農耕社会を営み、米を主食にしてきた経緯から身体に適合しているのでしょう。つまり、日本人の身体の内部が米を栄養分として受け入れる体質になったことはわかります。今さら遊牧民のように乳製品を主食にしろといわれても、胃や腸が受けつけてくれないでしょう。また、エスキモーのように生肉を食べても身体が適応しません。日本人には、やはり米という主食が健康に長生きでき、元気に働けるもとなのです。

しかし、食生活が豊かになるとおいしいものを食べたいという欲望から玄米は嫌われ、ただ味だけで栄養素のバランスの欠けた白米を食べるようになってきました。三害白食とは、白米、白砂糖、白パンといわれるくらい栄養のバランスは省みられなくなっています。

表7に示したとおり、玄米の栄養素は白米では著しく減っています。これを他の食品で補えば良いのですが、なかなか面倒ですね。そのために、いろいろな病気が引き起こされてきました。戦前は、ビタミンB_1不足による脚気、近年はカルシウム不足による骨粗鬆症、カリウム不足による高血圧、マグネシウム不足による心臓病、亜鉛不足による味覚障害と精力減退など数多くあります。栄養のアンバランスによる栄養失調です。それらは、玄米を上手に食べることで、ある程度解決されるはずです。現に玄米愛好者が玄米食を実践して元気に活躍されていることからもはっきりしています。

しかし、普及しないのは、炊くのに面倒なこと、味がまずいこと、消化が悪いことの三つが要因です。圧力釜など使わずに普通のように炊けて、まずくなく、消化が良ければもっと玄米食が広がって、われわれが長生きして元気で働けるもとになるはずです。医食同源の言葉どおりです。では、どうしたら玄米

表7　100グラム当たりの栄養素

栄養素	たんぱく質 (g)	脂質 (g)	食物繊維 (g)	灰分 (g)	カルシウム (mg)	鉄 (mg)	カリウム (mg)	マグネシウム (mg)	亜鉛 (mg)	銅 (μg)	ビタミンA (IU)	ビタミンB_1 (mg)	ビタミンB_2 (mg)	ビタミンE (mg)
玄米	7.4	3.0	1.0	1.3	10	1.1	250	110	1.8	250	0	0.54	0.06	1.6
白米	6.8	1.3	0.3	0.6	6	0.5	110	33	1.5	220	0	0.12	0.03	0.4

が面倒なく炊けて、おいしく食べられるのでしょうか。圧力釜が必要なのは米を包んでいるぬかが硬くて、普通の炊き方では柔らかくならないからです。それにぬかは舌触りが悪く味も良いとはいえず敬遠されがちです。普通の炊飯器で柔らかくなり、味も良ければもっと広がるでしょう。そこで、おいしい玄米の炊き方を紹介しましょう。

まず、玄米を通常より二割ぐらい多めの水加減で一度炊きます。この段階で玄米を包んでいるデンプンをα化して分解消化しやすいようにしています。そのまま室温で、米コウジをごく少量加え、よくかき混ぜて一晩置きます。その間に酵素分解が行われているのです。そしてもう一度、普通に炊きます。これで良いのです。

米コウジのアミラーゼなどの酵素によって玄米の硬い繊維を柔らかくして、味に甘みをつけ、消化を助け、玄米食とは思えないご飯に変えます（口絵⑤）。ちょうど、赤飯を食べるように舌触りに粘りがあって、色も少し赤みを帯びています。酵素であらかじめ分解してありますから消化も良いうえ、独特の味と香りがしてやみつきになります。こうなればしめたものです。特別おいしいものを欲しくもなくなりますし、元気で仕事ができる体力がつきます。これこそ最高の幸福でしょう。ぜひ試してくださいね。

写真92　用意するもの．玄米，ナベ，米コウジ

写真93　玄米を一度炊き上げ，そのまま室温まで戻してから米コウジを加えてよくかき混ぜ，さらにもう一度普通に炊く

㉓ 安いウイスキーやブランデーを短期間で一〇年もののようにおいしくできるって本当ですか？

蒸留したてのウイスキーやブランデー、焼酎などはとても刺激が強すぎ荒々しくて飲めませんね。搾りたての清酒やワインも味が強烈で楽しむ雰囲気ではありません。しかし、これらのお酒も長期間貯蔵しておくと荒々しい感じがなくなって、味がまろやかになります。ちょうど、荒馬をなだめるのに環境の良い所でゆっくり休ませるのと似ていますね。ウイスキー、ブランデー、などは地下の温度が一定な所に数年間も寝かし続けてはじめてまろやかな味になるのです。これを熟成といいますが、いったい熟成とは何なのでしょうか。

つくりたての酒では、全く商売になりません。まろやかでしっとりとした味と香りにするには熟成する過程が必要なのです。したがって、この熟成の期間を短くすることは死活問題です。だって、ただ寝かせておくなんてこんな無駄なことはありませんからね。早く出荷したいのはやまやまですが、熟成を行わなければならないというジレンマがあるのです。

熟成とは、ふつう弱いエネルギーのマイクロ波をあて、水分子の集団（クラスター）を小さくし、エキス分である化学物質を取捨選択して整える期間なのです。このエネルギーが強いとクラスターはバラバラになってしまい、エキス分の化学物質が化学反応を起こして、重合分解してしまいます。あくまで、ゆっくりと静かに子守歌を聴かせるように時間をかけてやることが必要なのです。したがって、光などのエネルギーは強すぎてダメです。地下の暗い、温度の低い所で熟成させるのが上等のウイスキーやブランデーをつくるコツなのです。

熟成によるまろやかさは、クラスターを小さくすることによってわかります。クラスターが小さくなると、舌の味覚細胞に吸収されやすくなるのです。エキス分の化学物質も弱いエネルギー、例えばマイクロ波により分解、縮合、重合を行って人間の味覚や嗅覚に合う成分をつくりだしていくのです。

したがって、ウイスキーやブランデー、焼酎などの熟成は急いでもダメなのです。では、速める方法はないのでしょうか。一つあります。ごく弱いエネルギーを放射する鉱物を入れておけば熟成期間を短縮す

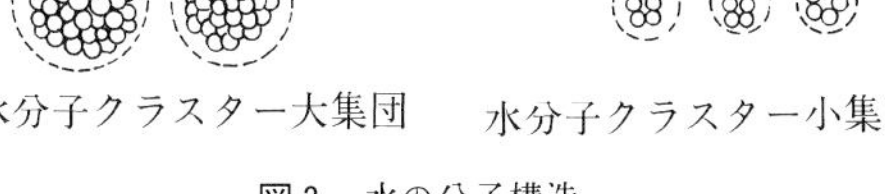

図3　水の分子構造

ることができます。現在のところ、一番効果があると思われるのは、金沢市近郊、医王山の「戸室石」、いわゆるセラミックスの一種です。これは、ごく弱いエネルギーを放射していますから、クラスターを細かくして、まろやかにし、化学物質に反応を起こさせて香りの良い成分にします。

ウイスキーの場合、これを一塊入れておくと一〇年ものの熟成度が約一年で達成されます。ブランデーも同様です。でも、もっと速くと思ってたくさん入れすぎるとエネルギー放射が強すぎて逆効果、つまり老香がしてしまいます。熟成が進みすぎ、エキス分が分解して悪臭になってしまうからです。

安いブランデーを買ってきて、七〇〇ミリリットルのビンだったら親指ほどの塊を入れてみてください。飲み比べると半年ぐらい過ぎた頃から違いがわかり、一年もすると一〇年ものの高級ブランデーのようなまろやかで香りの良いものになります。熟成って不思議な効果があると思いませんか。でも、あまり飲み過ぎないようにね。

写真94　用意するもの．ブランデー，ウイスキー，清酒，ワイン，焼酎など，「戸室石」

写真95　ブランデーのビンに小さな塊を入れてそのまま放置

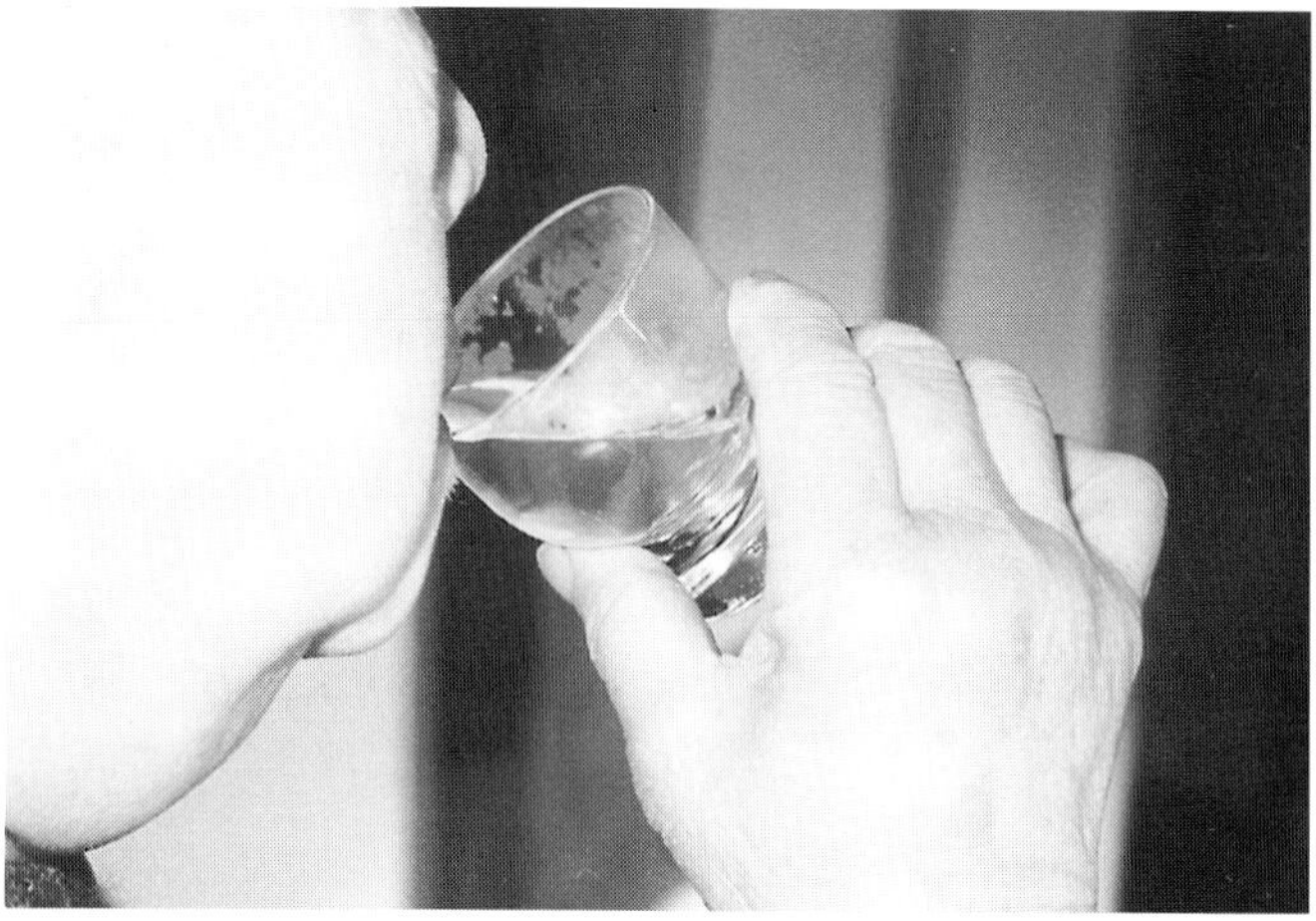

写真96　飲んでみるとまろやかで香りも良い

㉔ お茶の出し殻が脱臭剤や殺菌剤になるって本当ですか？

「お茶の出し殻といえば畳に撒いて掃除をするのに使った覚えしかない」って！　確かにそういうこともよくやりましたね。お年がわかりますよ。しかし、お茶の出し殻にはもっと凄い力があるのです。「お茶飲む門に福来たる」という言葉があるように、お茶はガン、アレルギーから虫歯まで百薬の長なのです。ですから、お茶を出した後の出し殻にも、まだその力が残っているのです。ここでいう「茶」とは、八十八夜の頃になると新茶、新茶といって騒ぐあのお茶のことで、麦茶、クコ茶、はぶ茶、ドクダミ茶、あまちゃづる茶などの薬用茶のことではありません。ゴールデンウィークになると決まってテレビで映し出される青々とした茶畑のあのお茶は、ツバキ科の植物です。これを蒸したり、炒ったりして酸化酵素を殺してから揉んだ「緑茶」、その酵素を少し働かせた半発酵茶である「ウーロン茶」、葉をしおらせてからよく揉んで酸化を十分に行う「紅茶」のことです。

これらのお茶の成分には、びっくりするような成分が多数含まれています。カテキン類といってガンを抑制する作用や殺菌作用をもつもの、カフェインやフラボノールの消臭作用をもつもの、フッ素や亜鉛などが菌の増殖を抑える代表的なものです。一番茶の出し殻はもちろん、三番茶の出し殻でもこれらの成分はかなり残っています。ですから、もう出ないといって出し殻をそのまま捨ててしまうのは勿体ないですね。

まず、出し殻をフライパンで弱火で熱して水分をとばします。次いで、中火にしてかき混ぜ、少し焦げてきたら、また弱火にして炭化して全体が黒くなるまで熱します。あまり熱しすぎて真っ黒の粉末にしてしまってはダメです。茶柱がまだ黒く残っている程度が目安です。火を止めて冷えたら、ビニール袋に入れておきます。これでお茶の出し殻の脱臭剤、殺菌剤のできあがりです。乾燥していますから、密閉しておけば腐敗や変質することはありません。多孔質の半活性炭という見栄えです。

脱臭剤として使うには、通気性のある和紙の袋、または蓋のない容器に入れ、臭いのする所におきます。もちろん、密閉した所でないと脱臭効果はありませんよ。例えば冷蔵庫の中です。面白いように臭いが消えます。活性炭とは比べものにならない力です。なにしろ、手づくりという力もありますしね。下駄箱、机の引出し、たくさんあれば部屋の隅に置いても効果はわかります。病室なども、臭い取りに良いかもしれません。また、犬小屋の中や猫のおしっこの吸着剤に混ぜても良いです。灰皿に入れておけば煙草の臭いも和らぐでしょう。

殺菌作用もありますから、靴の中底布の間に入れておけば、脱臭と一緒に殺菌作用もありますから臭い取りと水虫予防にも役立ちます。冬だったら、コタツの中に置いておけば皆の足の臭いを取ると同時にコタツの中を清潔に保つでしょう。まだまだ使い道はあります。それを考えて試してみるのも楽しみですね。ある人は、これを水とともにコップの中に入れ毎朝うがいをしているといいます。確かに口臭も消え、風邪の予防にも良いアイディアです。使用済みのものは、まとめて土に混ぜれば肥沃な土になり自然に戻ります。

写真97　用意するもの．お茶の出し殻，フライパン，ビニール袋，和紙か布の袋

写真98　フライパンで出し殻を熱して活性炭状にする

写真99　通気性のある袋に入れて冷蔵庫に置く

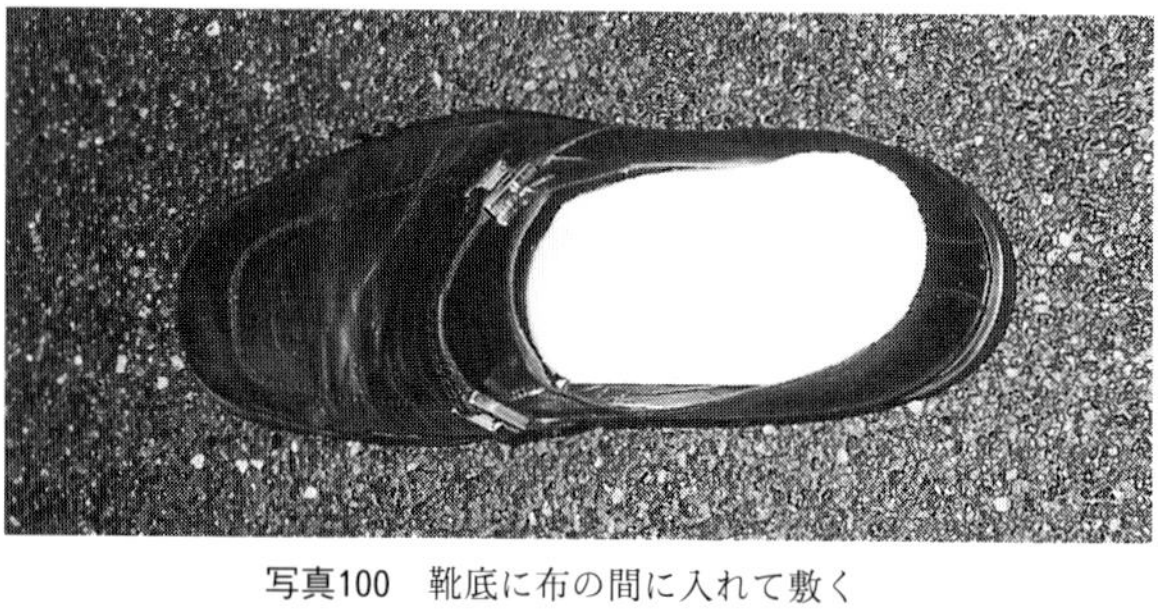

写真100　靴底に布の間に入れて敷く

㉕ 空気のビタミン、マイナスイオンについて教えてください。

空気のビタミンといわれているマイナスイオンを発生する鉱物にトルマリン(電気石ともいう)という硬度七・二五、比重三・○五の六方晶系の不透明な鉱石があります。トルマリンがマイナスイオンを発生し、人間の健康に役立つことがわかったのは約一○年前です。そのため、今まで宝石として価値のなかった不透明なトルマリンが商品として注目されてきたのです。トルマリンの原石や粉末を用いたものとしては、やはりマイナスイオンの効果による脱臭作用、洗浄作用、殺菌作用として繊維や建材に用いるのが多いようです。

マイナスイオンが空気のビタミンといわれるわけは、身体の細胞に力を与え、自律神経系や運動神経系の調節、熟睡、疲労回復などに効果があるからです。例えば、血圧降下、食欲こう進、鎮咳、催眠などです。これに対してプラスイオンは血圧上昇、不快感、不眠、頭痛などを引き起こします(表8)。

自然界でマイナスイオンが多いのは、噴水、滝、森林などの場所です。ですから私たちは無意識のうちに滝や噴水、森林に惹きつけられるのです。これに対して、現代の生活環

表 8　マイナスイオンとプラスイオンの生理作用

マイナスイオン	プラスイオン
森林の中、噴水の周囲、シャワー、渓流、朝方の外気、滝	工場地帯、煙、ダニ、ホコリ、花粉、都会の空気、環境ホルモン
⇓	⇓
リラックス感、リフレッシュ、集中力アップ、疲労感の軽減	頭痛、イライラの連続、高血圧、倦怠感、無気力感の増大

境では大気汚染などによりプラスイオンが充満し、健康を害しています。

トルマリンによるマイナスイオンの発生は、空気中の水分がトルマリンの表面に接触すると、水分子が電離されマイナスイオンになるのです。このマイナスイオンは、ヒドロキシルイオンともいいますが、肺を通じて身体に入ると、毛細血管中のコレステロールを分解して血圧を下げたり、新陳代謝を良くして病気に対する抵抗力を強めるのです。

一般に空気中に浮遊しているチリ、ホコリ、ダニ、花粉、煙、環境ホルモンなどは、いずれもプラスイオンに帯電しているのです。したがって、マイナスイオンを身の周りに多く発生させることが保健衛生上必要になってくるのです。とくに病院、老人ホーム、家庭、職場、その他の場所で室内の空気を改善してマイナスイオンを含む環境にすれば顕著な効果があります。

表 9　マイナスイオン発生の応用例

粉末	壁紙に塗布して花粉、ホコリ、ダニ、煙などの除去
	カーテン地に加えて、快適な空気を部屋に入れる
粒状	寝具、フトン、ベットに入れて快適な睡眠
	衣服に付けて快適な生活をおくる
塊状	窓際において部屋を快適な住空間にする
	生け垣に用いてそよ風を入れる

具体的にトルマリンを用いてマイナスイオンを発生させるには表9のような例はどうでしょうか。これらをもとにして考えるといろいろ面白いアイディアや商品化に結びつくことでしょう。何よりも自分自身の健康に関係することです。さっそく知恵を出してやってみましょう。つくる楽しさも味わえますよ。

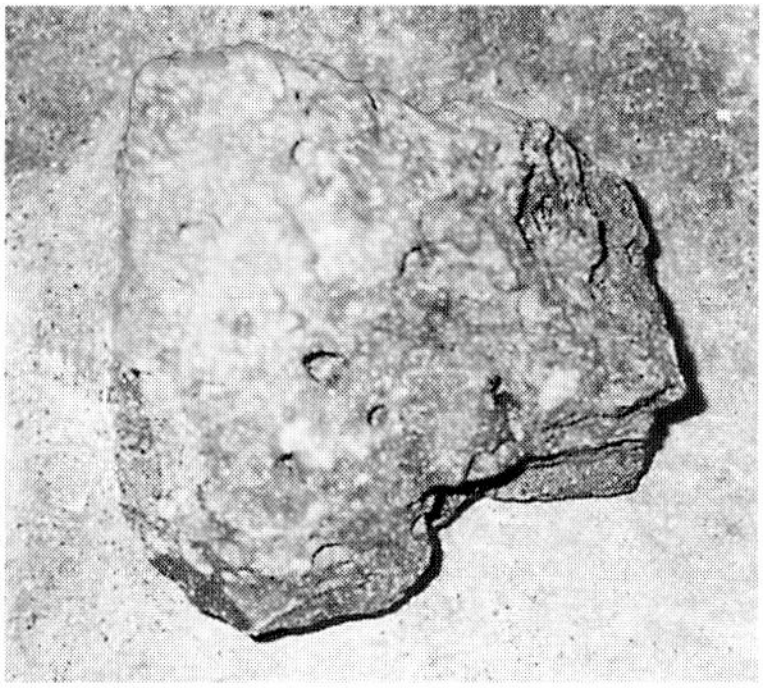

写真101
用意するもの．トルマリン原石

写真102　マイナスイオンの多い環境

写真103　プラスイオンの多い空間

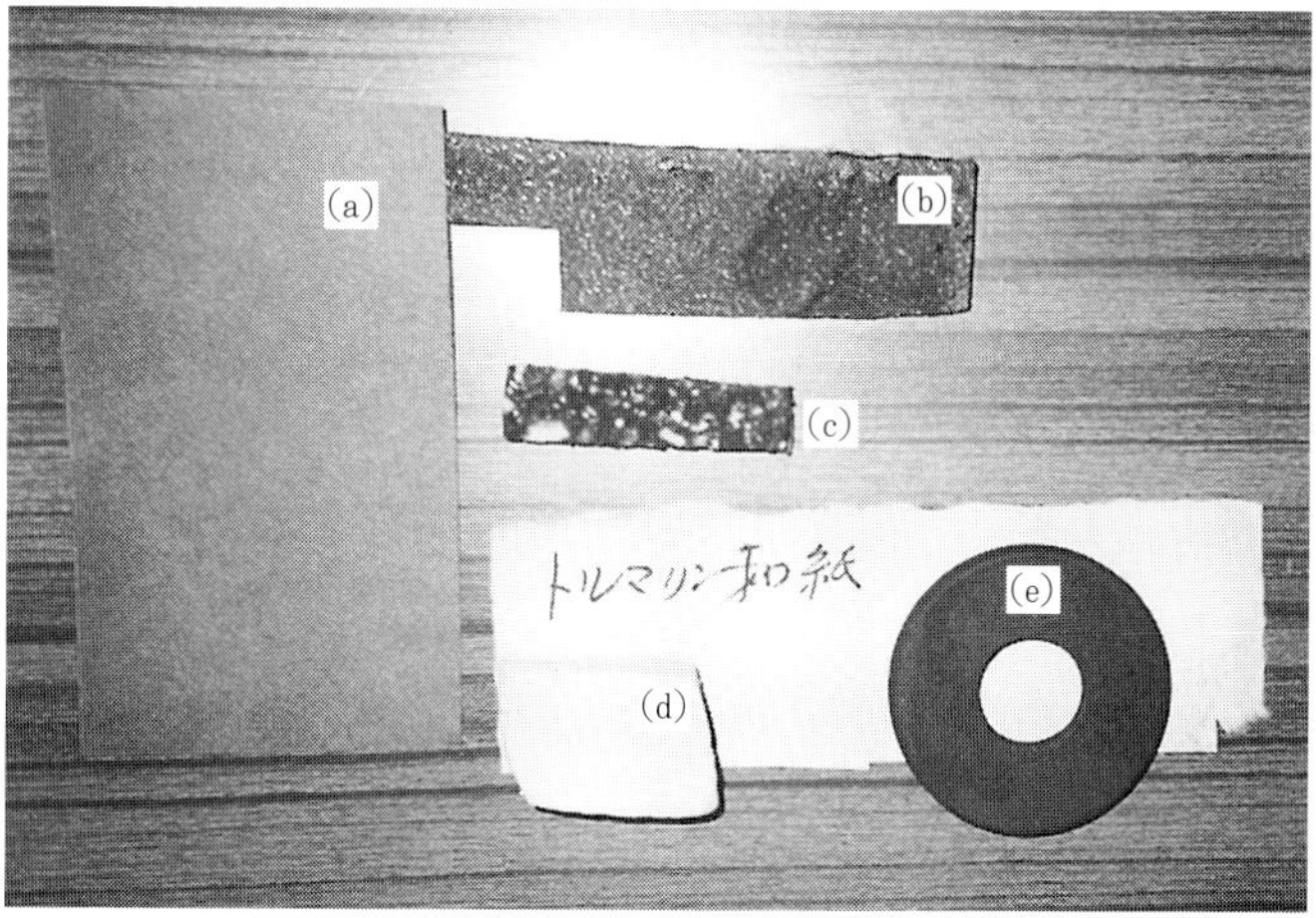

写真104　応用グッズのいろいろ．(a)不織物，(b)発砲ウレタン，(c)オガクズ固形物，(d)軽石，(e)ゴム

㉖ アオコの発生を防いで、金魚や熱帯魚を元気にする石があるそうですが教えてください。

「ただの石ころじゃないか」なんていわないでくださいね。この石こそ、酸素の発生を促してアオコの発生を抑えるいわば飼育者にとっては宝の物体です。ただし、温度が高くても太陽光がないとダメですよ。でも、アオコが発生しやすいのもそんな条件ですから、これは少しも不利なことではありません。アオコが発生しないと、金魚や熱帯魚も体力が落ちたり病気になることもなく、きれいな水の中で生活できますから魚も嬉しいですね。観賞魚といってもピンからキリまであって、一匹一〇円の金魚から一匹一〇〇〇万円の錦鯉までありますから、世の中の価値観は一概には判断できませんね。観賞魚を飼う人にとって一番気になるのは春先からそろそろ発生し始めるアオコです。アオコが発生すると夜も眠れないほど気になる人もいるそうです。アオコの発生は、時によると数日で水一面に繁殖することがあります。プランクトンの赤潮と似ていますが、組織は全く違います。

アオコとは、養魚池やため池、または家で飼っている金魚鉢などに、気温が高くなると水中の窒素、リンなどを栄養分として繁殖して水全体を緑色に彩る微小な藻類のことです。

写真105　用意するもの．斜長石，袋，水槽

写真106　水槽の底に敷きつめてランプをつけて魚を飼う

小さな金魚鉢から大きな湖まで発生し、魚には苦手な藻類です。種類は場所や地域によって何十種類もあります。アオコが発生すると、魚にとって困るのはまず酸素不足です。水中の溶存酸素が少なくなって魚は水面に口を出してアップアップします。アオコが酸素呼吸して酸素不足になるためです。もうひとつは、アオコが異常発生すると水全体が緑色になったかのように一センチ先も見えなくなります。緑色の青汁の中で魚が泳いでいるようで、これでは金魚や熱帯魚にとっても苦しいことでしょうし、飼っている人にとっても鑑賞の意味がありません。えらにアオコが詰まって魚が死ぬこともあります。

このアオコの発生を防ぐには、最近話題になっている光触媒で酸素を補給し同時に光触媒体がアオコの増殖を止める機能があれば良いのです。数ある光触媒作用をもつものの中で、この目的に一番良いのは斜長石でしょう。酸素を補給してやるだけならば、ポンプで空気を送れば良いことですが斜長石にはアオコの細胞分裂を阻止する作用があるのです。でも、魚には何ら影響はありません。金魚や熱帯魚だったら水槽の底に斜長石の粒状のものを敷いてランプで照らしておきましょう。光触媒作用によって、ごく小さな泡が出ているのが観察できます。しかも斜長石は魚の糞や餌の残りカスを分解してくれますから、アオコの胞子が飛んできても窒素、リン不足のため増殖することはできません。いつまでもきれいな状態で飼うことができます（口絵⑥）。

鯉などの池では、斜長石を袋に入れてぶら下げておきましょう。太陽光による光触媒作用で酸素豊富、しかも富栄養化も防げます。

まず、小さな金魚鉢から試してみて成功のコツがわかったら、高価な熱帯魚でテストするのが良いでしょう。池などはアオコの胞子が飛んできて繁殖する絶好の場所ですから、ここまでうまくアオコの発生が防げたら、一〇〇〇万円の錦鯉でおそるおそる実験してみましょう。

㉗ 竹炭で携帯電話から身を守るってどういうことなのですか?

近頃は至る所で竹を焼く竹炭づくりがブームとなって市場に出まわり、目につくことが多くなってきています。なにしろ、原料は竹ですから木炭と違って豊富です。竹の成長は速くて原料が不足することはありません。そのためか竹炭も安く手に入るようになりました。

竹炭商品の目的は吸着剤としてです。水の浄化、空気の清浄化、とくに最近問題になっている環境ホルモンなどを吸着するには良い素材です。竹炭は多孔質で硬く、木炭と違って取扱いが便利で手が汚れることもなく、その点でも喜ばれているのでしょう。炊飯時に竹炭の一片を入れておくとおいしくなるとか、水道水に入れておくとカルキ臭やカビ臭が消えて飲み水としても良いなどです。もっと多量に使う場合は、家の基礎部分に何十キロも埋め込んで脱臭、調湿したり、また壁の間に入れて快適な空間をつくるなどです。

しかし、竹炭にはもっと別の面白くて素晴らしい機能性があります。それは、電磁波を遮蔽する能力です。電磁波による障害は以前から指摘されていました。残念なことに電磁波は、電気とは切り離すことができません。電気なしの生活は不可能ですから、当然われわれは電磁波の影響を受けることになります。でも、電磁波で生活が楽になっている例もたくさんあります。電子レンジなどその例でしょう。電子レンジは電磁波で食品を温めるわけですから、かなり強力な電磁波を発しています。電磁波は、電気製品から多かれ少なかれ発生しています。

電子レンジの中に生卵を入れてスイッチするとゆで卵になりますね。もし、人間の眼球に電磁波を当てるとどうなるでしょう。それの初期障害が白内障です。これは、眼球の水晶体がマイクロ波でタンパク質の一部が凝固して濁ってしまったのです。

では、現在電磁波を一番受けやすいのは何でしょうか。おそらく携帯電話でしょう。しかも一番大切な脳の近くで使用するわけですから携帯電話から発信された電磁波は直接脳や眼球に達します。そのことを考えると怖くなりますね。もちろん、微弱なもので影響はないとされていますが、完全に無視することもできません。そこで、その電磁波を遮蔽する便利なものが実は竹炭なのです。炭には、電磁波を遮蔽する能力がありますがその中でも竹炭はとくに有効です。携帯電話で長時間話をするときは、アンテナと頭の間に竹炭を塗布した布などを挟んでおくと安心です。

つくり方は、次のようにします。竹炭をすり金などで細かくします。それを速乾性塗料に混ぜてドロドロした状態にしてハガキ大の紙か布に塗ります。ただし、乾いて曲げたときなどにボロボロ落ちるほど厚く塗ってはダメですよ。不織布の方が良いかもしれません。では、これで携帯電話のアンテナを包んでみてください。受信できなければ、これは完全に電磁波を遮蔽しているから成功です。これでは携帯電話が使えませんから、通話するときにだけこの竹炭塗布の布を携帯電話と頭の間に挟んで話をしたらどうでしょうか。

「こんなこと、恥ずかしくて面倒くさい」って！でも、あなたの健康を守るためですよ。少しでも、危険性のあるものは積極的に対策を考えるのは当然でしょう。もう少し格好良いものにすると良いですね。ちなみに、竹炭は一〇メガヘルツから五ギガヘルツまでの広い範囲の電磁波(マイクロ波)を遮蔽する能力があります。したがって、携帯電話以外にも電子レンジやテレビ、パソコンからもれる電磁波対策にも有効です。

写真107　用意するもの．竹炭，すり金，塗料，不織布など

写真108　塗布する

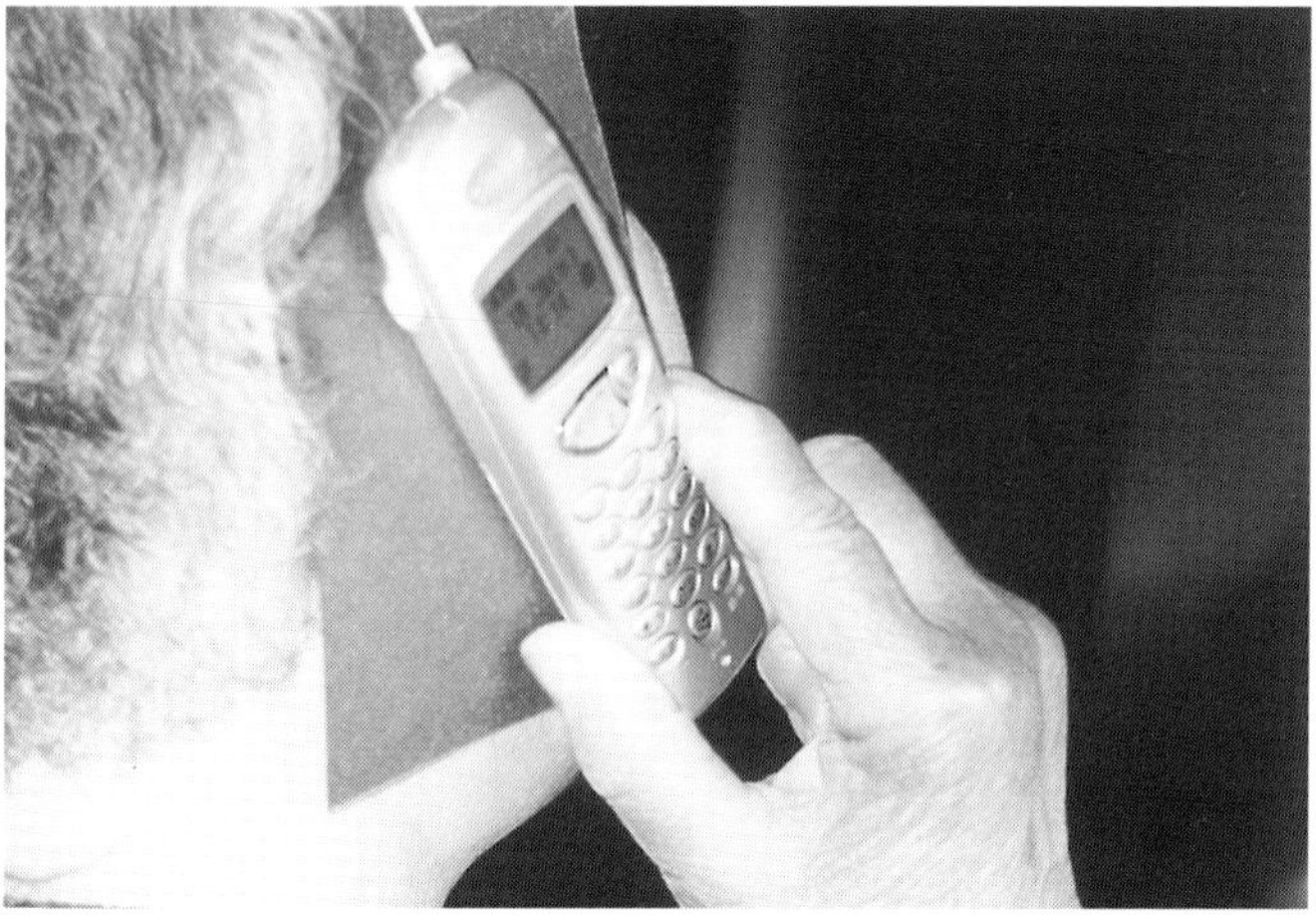

写真109　携帯電話からでる電磁波で身を守る

28 パーティや宴会などで汚した服のシミを、その場で取れる応急処置法を教えてください。

パーティや宴会などに招待されると、誰しも高い服や高価な着物を着て出かけますよね。しかも、豪華であればあるほど緊張と慣れない食事や多くの人との会話から、つい食べ物をこぼして服や着物を汚してしまうことがありますね。こんな時は本当にまごついて、どぎまぎしてしまいますが、そこであわてて水で拭かないでください。水で拭くなんてことをすれば、高価な服や着物であればあるほど生地をダメにしてしまいます。絹の着物なんて、そんなこともってのほかです。でもすぐに脱いでクリーニングに出すわけにもいかず、一応は応急処置が必要です。

食べ物の汚れは時間とともにだんだん取れにくくなります。ソース、醤油、スープ、煮汁などはアミノ酸やタンパク質ですから、時間が経つとともに繊維に吸着され、自身も重合化して硬くなってしまいます。そうなると、修復は不可能です。汚れとわかったら、あわてずにまず目の前にあるもので処理するのが汚れを完全に取るコツなのです。食事のときに必ずあるものといったら、和食、洋食それぞれご飯とパンです。これを利用するのが一番効果があります。どちらもデンプンで吸着しやすい性質をもっています。ご飯だったら、まずハンカチの中に練るようにして平らに入れ、これを汚れた生地の上下に挟むようにして軽くたたきます。このとき、水を使ってはいけません。汚れのシミはご飯のデンプンに吸着され、ほとんどの汚れは取れてしまいます。応急処置が済んだら、なるべく早くクリーニングに出せば安心です。

またパンの場合も同様で、食パンを細かくちぎってハンカチの中に入れ、たたいて平たくします。これを汚れた生地の上下から押さえるように挟みます。決して揉まないでください。生地が傷みます。パンの場合も水分がありますから、汚れはパンのデンプン質に吸い取られます。このときも水を使ってはダメですよ。

このワザを覚えておくと、一応パーティなどでも安心ですね。でも注意してなるべく汚さないに越したことはありませんよ。

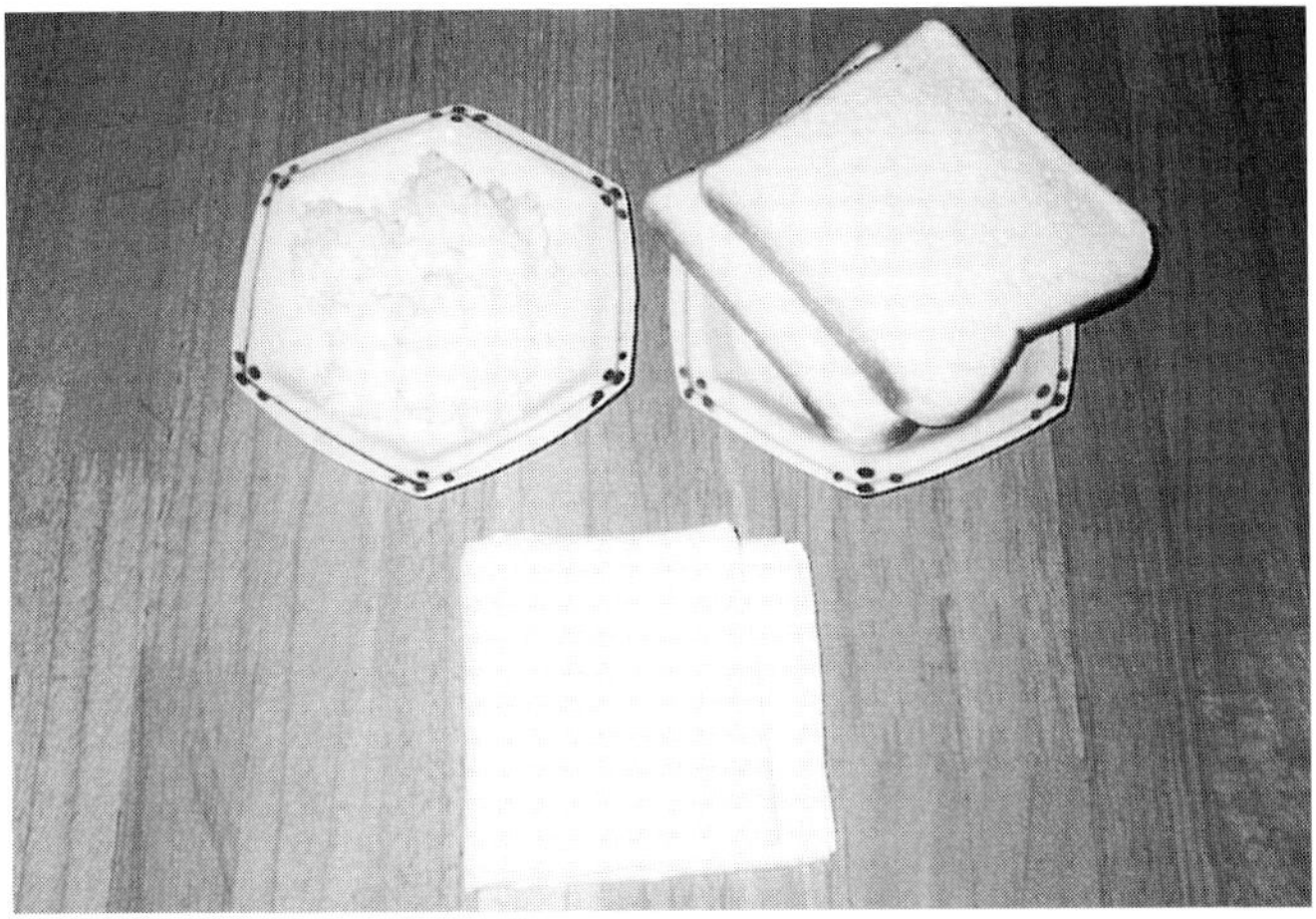

写真110　用意するもの．ご飯，パン，ハンカチ

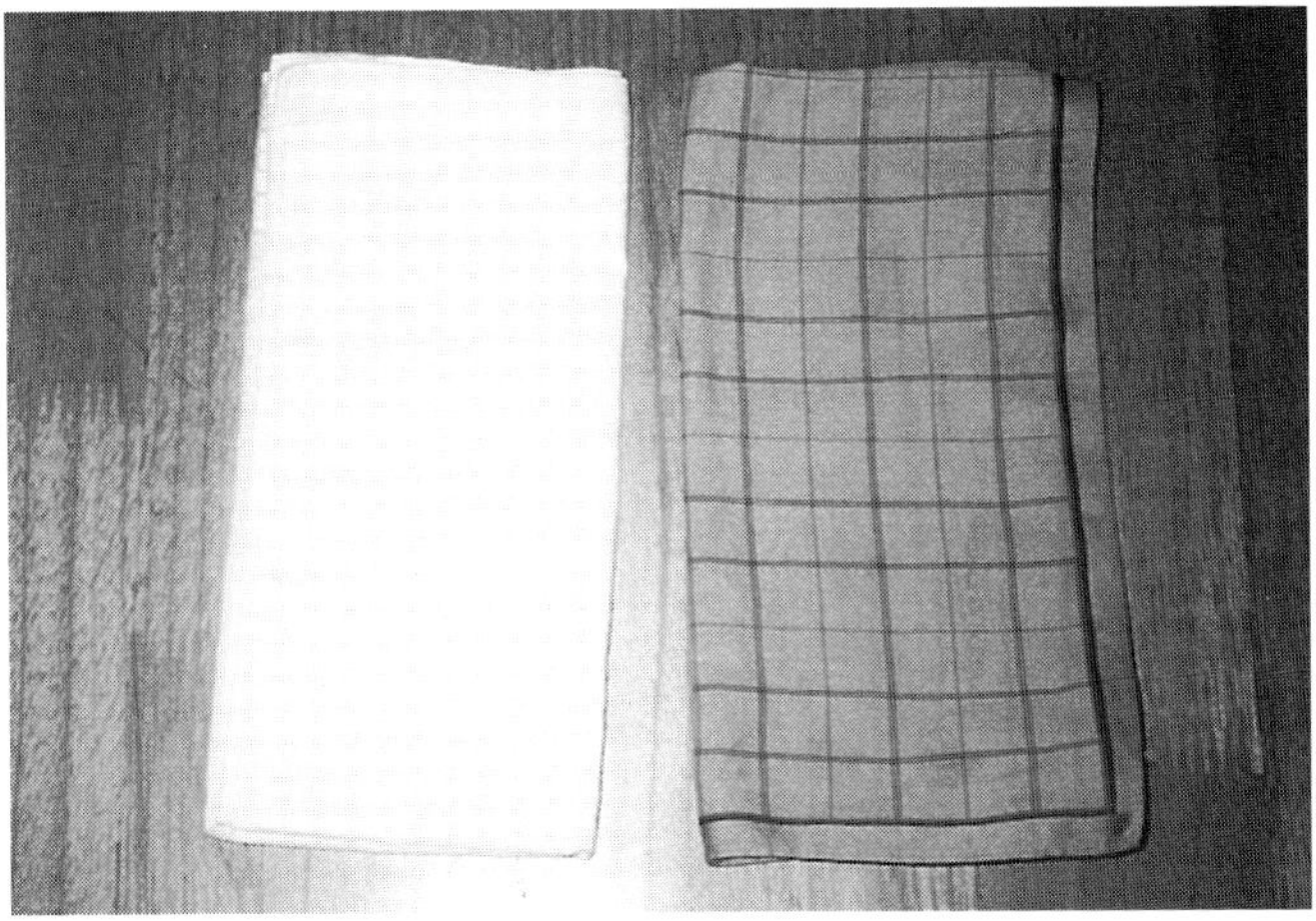

写真111　ハンカチの中にご飯またはパンを入れて押えて平らにする

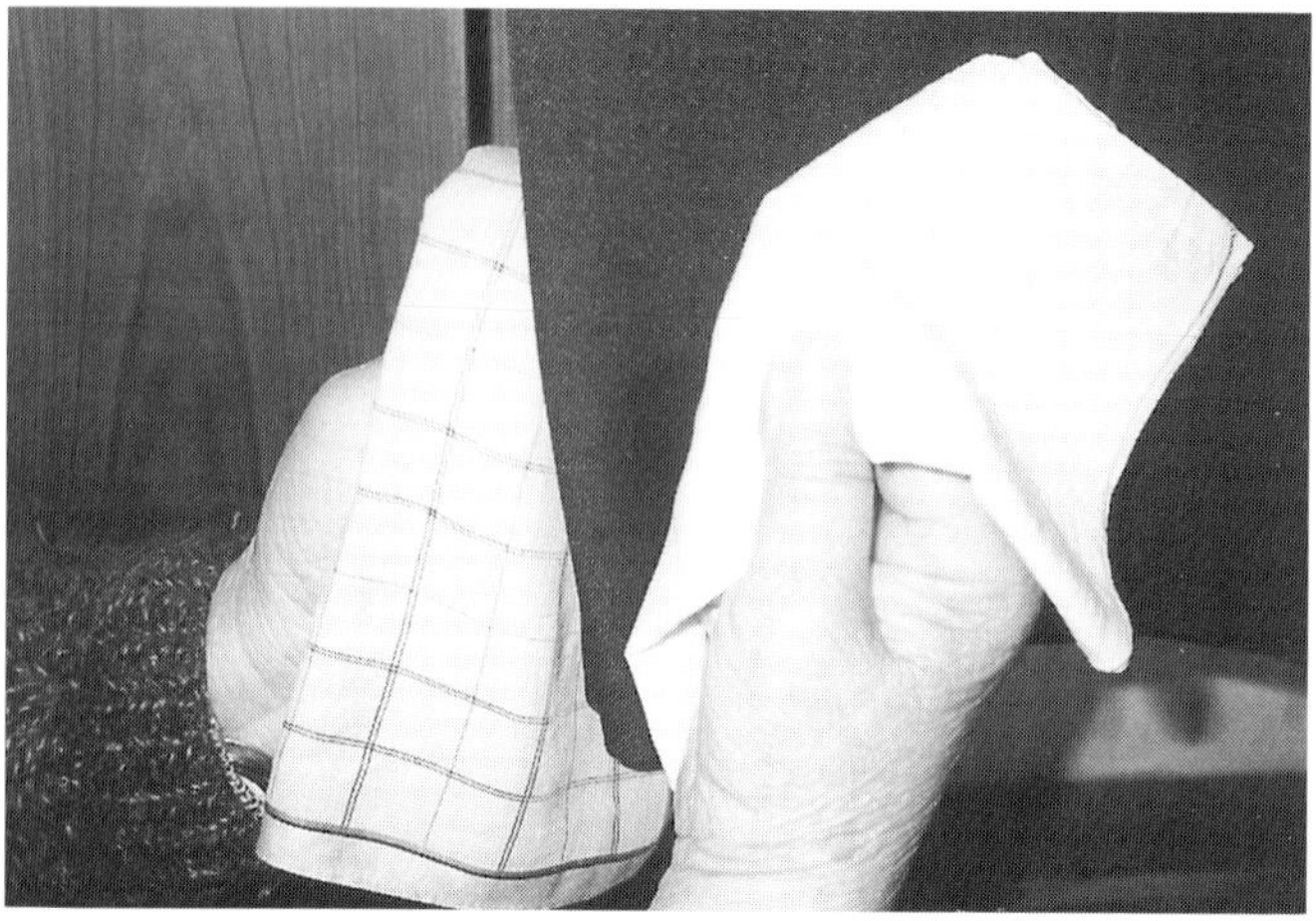

写真112　汚れた生地の上下から軽くたたくと汚れがとれて元通りに

㉙ 恐ろしい歯槽膿漏が緑茶末歯磨きで防げるって本当ですか?

歯がやられてしまっては、満足に物がかめず健康を害することは当たり前です。その中でも一番怖いのは、歯槽から膿が出て、やがて歯が抜けてしまう歯槽膿漏です。原因は、歯石の刺激、細菌の進入、咬合不正や体質異常などで慢性的なものです。口が臭くなり、やがては全身に障害を及ぼすというゾッとするような疾患ですね。

ところで以前、静岡県の幼稚園や小学校で子供達に食事の後、お茶でうがいをさせている映像がテレビで流されていました。そして、お茶のうがいをさせている学校では子供達の虫歯が非常に少ないことも同時に報告されていました。これは緑茶に含まれているカテキンやフッ素が虫歯の予防効果になっているのです。

歯槽膿漏の初期は、虫歯から進行することが多いですから、まず虫歯予防が大切です。フッ素は、歯のカルシウムと結合して酸にやられないよう歯を強化して虫歯に対抗します。カテキンには二つの効果があります。一つは強力な抗菌作用です。虫歯菌を直接やっつけてしまうのです。もうひとつは虫歯菌の出す酵素を働かせないように歯垢ができるのを防ぐのです。

そこでまず、虫歯を予防して恐ろしい歯槽膿漏から歯を守るのが順番でしょう。お茶でうがいするだけよりも歯磨きをすることがより効果的でしょう。それも歯磨きの中に緑茶末を入れたものを使えば理想的です。

緑茶には最高級の玉露から抹茶、煎茶、番茶、ほうじ茶といろいろありますが、カテキン類やフッ素の含有量にはあまり差がないのです。また、発酵茶であるウーロン茶や紅茶にも虫歯予防、すなわち歯槽膿漏から身を守る成分は含まれています。安い緑茶を用いれば十分なのです。

まず、緑茶をミキサーを使って細粉末にします。数分もすれば煙がたつくらいに細かくなります。これが緑茶末で、湿気が入らないように袋に入れて密閉しておきます。一回ごとに適当に皿の上にこの緑茶末を入れ、そこに練り歯磨き粉をチューブから出し歯ブラシで混ぜて使うだけです。あるいは湿った歯ブラシに緑茶末を付け、その上にチューブの歯磨き粉を乗せて使用しても同じです。緑茶末の割合は、歯磨き粉の一割ぐらいで十分効果は期待できます。使用に際して、抵抗は感じられないどころか、爽やかな自然の香りがします。

こんな簡単なことで、恐ろしい歯槽膿漏が予防できたら素晴らしいですね。でも三日坊主になってはダメですよ。習慣にしてしまえば面倒ではありませんから、持続は力なりと考えて実行してみてくださいね。

写真113　用意するもの．緑茶，ミキサー，袋

写真114
ミキサーを使って緑茶を粉末にする

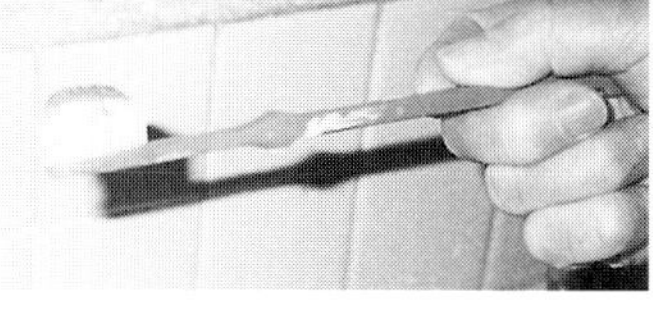

写真115
歯ブラシに緑茶末と歯磨き粉をつけてブラッシングする

㉚ 匂いが殺菌、脳活性、免疫力アップに効果があるって本当ですか？

人間と香りは、古代から関係がありました。医薬として香りを使ったり、香料として料理に登場した時代もあり、また、ときには異性を引きつける手段として使われたりもしました。香りの歴史は、そのまま人間の歴史でもありますね。

香りの効果の研究は、二〇世紀になってから「アロマテラピー」として香りのもつ生理的効用に着目して、香りで治療しようという方法が発展しました。例えば、バラの匂いをかがせると精神状態が安静時に多く発生するα波が増えます。心拍実験では、レモンの匂いは心拍数が増え心身が緊張するし、バラの匂いでは逆に心拍数が少なくなり、リラックスする状態になります。また、院内感染を防ぐ方法としてはペパーミントやヒノキチオールを一・五パーセントのアルコール溶液にして室内やベッドに噴霧します。抗生物質が効きにくいカビなどにも有効とのことです。

匂いが脳細胞に入り込み効果を現すこともあります。ジャスミンなどはうつ病や自閉症などの治療に用いられることもあります。一般に良い香りが脳を活性化するといいます。

表 10　香りの効用

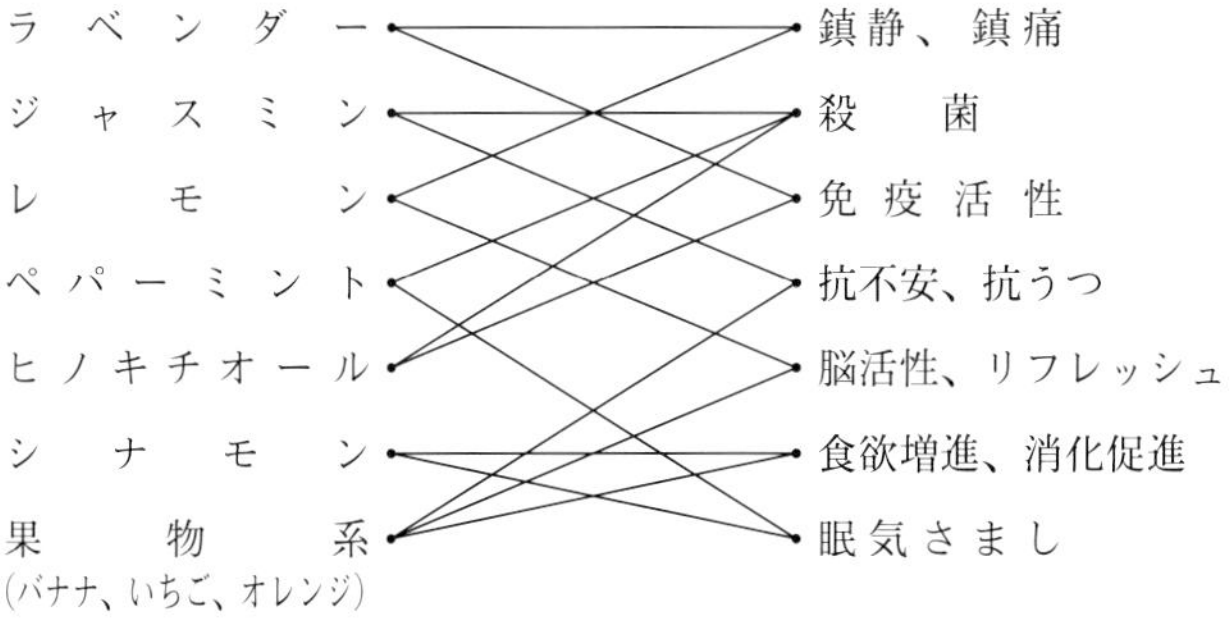

良い香りをかいでいると脳の働きが活性化することは納得できますね。

眠気さましにペパーミントのガムをかんでいると効果があることは、試験勉強や運転でも経験があるでしょう。また、果物の匂いをかぐと食欲が出てくると同時に消化にも良いのです。病気のお見舞いには花がつきものですが、これが免疫力を高めて病気を治す効果があるのも事実です。表10に示したとおりです。

では、この不思議な匂いの効果を手軽に利用するにはどうすれば良いのでしょうか。匂いがあまり強すぎて逆効果になることもあります。理想的には徐放作用といって、少しずつ匂いを発散してくれたら良いのです。それは匂いを物質にいったん吸着させ、時間とともに蒸発させる方法です。

この物質としてよく使われるのがシクロデキストリン

というデンプンの一種です。シクロデキストリンには微細な穴があり、この中に匂い成分が取り込まれます。そして時間とともに、この穴から匂いが発散して効果を徐々に発揮するのです。シクロデキストリンは白い粉末で、この徐放作用は香水、医薬品、農薬など少しずつ長時間にわたって作用させたいものに実用されています。

例えば、シクロデキストリン五〇グラムの粉末をビニール袋に入れ、好みの匂い、例えばラベンダー一グラムを加えて袋ごとよく振って混ぜます。ラベンダーそのものだったら強烈な匂いがしますが、袋の中はほんのり良い香りがします。これを容器に入れ開放しておけばその周囲に匂いがたちこめ鎮静、鎮痛、免疫活性などの効果が長期間にわたって発揮されます。試験勉強だったらレモンの匂いでやってみたら合格するかもしれません。ヒノキチオールなどは殺菌力がありますから周囲を清潔に保てますね。

ところで匂いとは不思議なものです。ユーカリの匂いは人間にとってはとても良い香りですがダニにとってはとても嫌な臭いらしくすぐに逃げてしまいます。ダニ退治にはユーカリが一番です。面白いものですね。

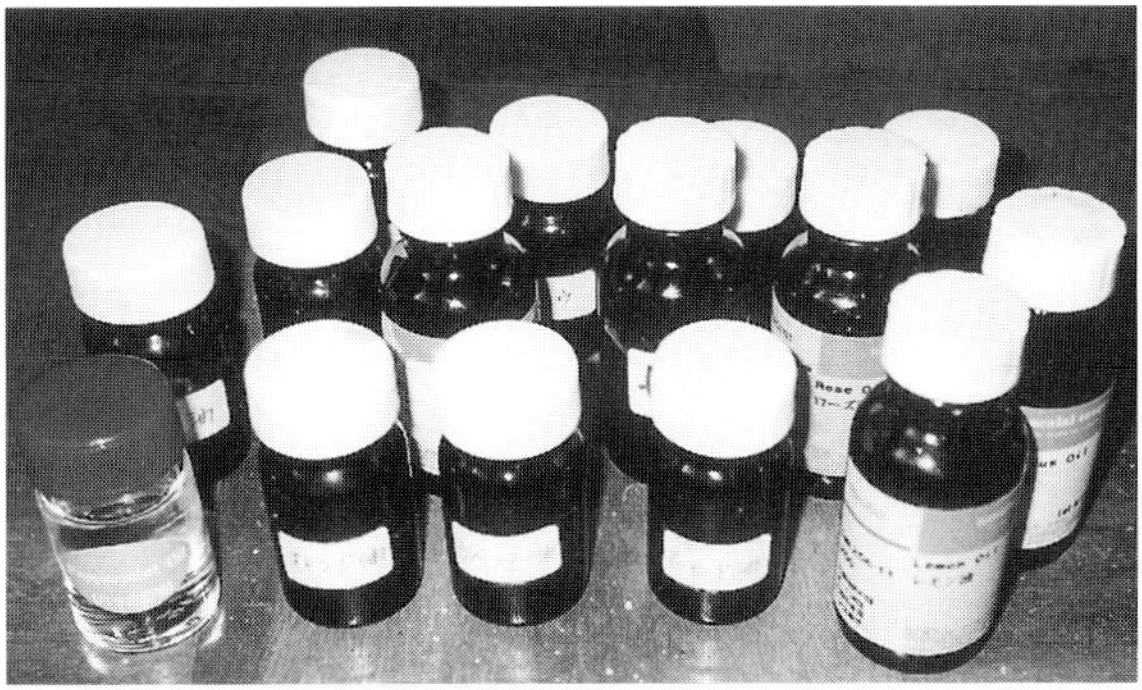

写真116　用意するもの．各種の匂いのもと，シクロデキストリン，ビニール袋，容器

写真117　シクロデキストリンと液体を混ぜる

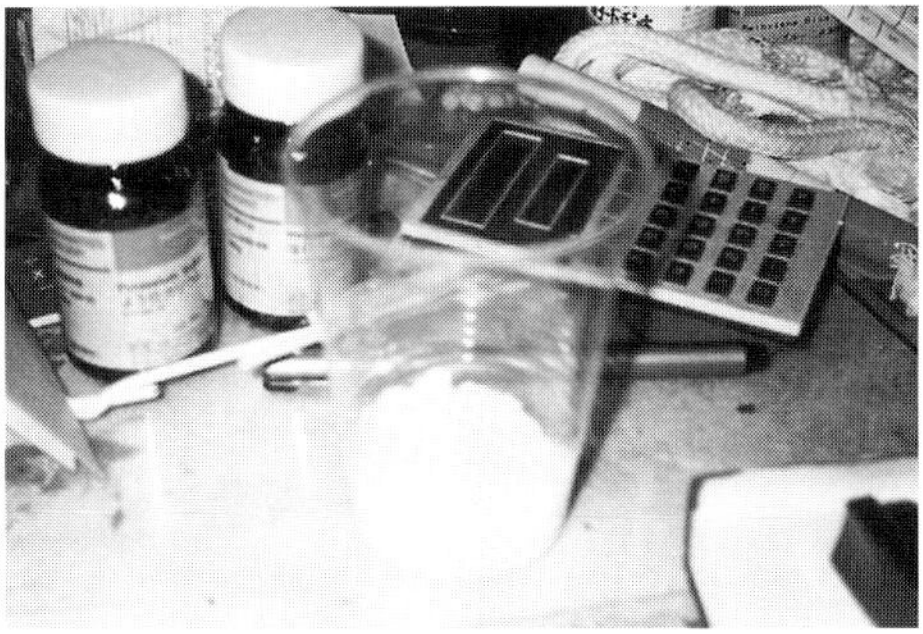

写真118
容器に入れて置く

あとがき

「暮らしのセレンディピティ―環境にやさしい裏ワザ」は、日常生活におけるささいではあるが見落しがちな事実をわかりやすく紹介説明したものである。セレンディピティと裏ワザがお互いに刺激し合って知識と知恵の知的遊戯を我々に与えてくれる。それに、好奇心、ひらめき、独創性などが入り交じって面白い種明かしもしてくれる。

さて、このような雑文を見事に手際よく編集していただいた技報堂出版の城間美保子氏には心よりお礼申し上げるとともに驚嘆するばかりである。また同社の小巻慎氏にも雑用をお願いしたことに感謝している。

今は亡き最愛の妻には、いろいろな難題をふっかけたにもかかわらず、いつも相談相手になってくれたことを懐かしく思い出している。

I wonder how long it will take me to forget her……(彼女を忘れるのに、一体どのくらいかかるのだろう……)

二〇〇一年四月　著者

著者紹介

酒井　弥（さかい みつる）

昭和11年　福井県に生まれる
昭和36年　大阪大学理学部大学院修士課程修了
昭和38年　大阪大学産業科学研究所勤務。理学博士
昭和41年　文部省在外研究員としてカリフォルニア大学留学
昭和45年　アルバータ大学主任研究員
昭和49年　アルバータ大学石油化学研究所講師
昭和51年　花筐酒造株式会社代表取締役
昭和52年　酒井理化学研究所主宰
（福井，金沢，東京，熊本，ロスアンゼルス，モスクワに研究所）

専　門：理論有機化学，合成化学，高分子など
主な著書：『おもしろい不思議いろいろ』（十三日会）
『やはり野に置け，れんげそう』（しんふくい出版）
『エコロジーおもしろ発明工房』（能登印刷出版）
『おもしろ発明工房，災害特集』（ヨシダ印刷）
『高カルシウム作物をつくるピロール農法』（農山漁村文化協会）
『食卓革命—高カルシウム作物のはなし』（晩聲社）
『ラン藻で環境がかわる—劇的！農薬・ダイオキシン分解も』（技報堂出版）
『黒体の不思議—21世紀の新素材』（技報堂出版）

暮らしのセレンディピティ
—環境にやさしい裏ワザ

定価はカバーに表示してあります

2001年5月20日　1版1刷発行

ISBN 4-7655-4425-7 C1370

著者　酒井　弥
発行者　長　祥隆
発行所　技報堂出版株式会社
〒102-0075 東京都千代田区三番町 8-7
（第25興和ビル）
電話　営業 (03)(5215) 3165
編集 (03)(5215) 3161
FAX (03)(5215) 3233
振替口座 00140-4-10

日本書籍出版協会会員
自然科学書協会会員
工学書協会会員
土木・建築書協会会員

Printed in Japan

装幀 海保 透　印刷 東京印刷センター　製本 鈴木製本